BUZZ

© Buzz Editora, 2019/ © João Jonas Veiga Sobral

Publisher ANDERSON CAVALCANTE
Projeto gráfico ESTÚDIO GRIFO
Editora SIMONE PAULINO
Editora assistente LUISA TIEPPO
Assistentes de design NATHALIA NAVARRO, FELIPE REGIS
Preparação LÍVIA BUELONI
Revisão JORGE RIBEIRO

Dados Internacionais de Catalogação na Publicação (CIP)
de acordo com ISBD

S677c
Sobral, João Jonas Veiga
Como Machado de Assis pode relativizar a sua vida:
João Jonas Veiga Sobral.
1ª ed. São Paulo: Buzz Editora, 2019.
176 pp.
ISBN: 978-85-93156-94-6

1. Literatura brasileira. 2. Autoajuda.
3. Machado de Assis. I. Título.

2019-463   CDD-158.1 / CDU-159.947

Índices para catálogo sistemático:
1. Autoajuda 158.1 / 2. Autoajuda 159.947

Elaborado por Odilio Hilario Moreira Junior – CRB-8/9949

Buzz Editora
Av. Paulista, 726 – mezanino
CEP: 01310-100 São Paulo, SP

[55 11] 4171 2317
[55 11] 4171 2318
contato@buzzeditora.com.br
www.buzzeditora.com.br

COMO *Machado de Assis* PODE RELATIVIZAR SUA VIDA

JOÃO JONAS VEIGAS SOBRAL

9 APRESENTAÇÃO
13 UMA CRÔNICA MACHADIANA
17 INTRODUÇÃO

21 **O escritor relativista**
37 **Vaidade**
49 **Ser e parecer**
65 **Amor**
79 **Educação**
97 **Culpa**
115 **Pobreza**
133 **Poder**
153 **Entrevista**

*À Helena, que me ensinou a
relativizar a vida e a paternidade.
À Gabriela.
Ao Milton Hatoum.*

Eu gosto de catar o mínimo e o escondido. Onde ninguém mete o nariz, aí entra o meu, com a curiosidade estreita e aguda que descobre o encoberto. Daí vem que, enquanto o telégrafo nos dava notícias tão graves como a taxa francesa sobre a falta de filhos e o suicídio do chefe de polícia paraguaio, coisas que entram pelos olhos, eu apertei os meus para ver coisas miúdas, coisas que escapam ao maior número, coisas de míopes. A vantagem dos míopes é enxergar onde as grandes vistas não pegam.

Crônica publicada na *Gazeta de Notícias* em 11 de novembro de 1897.

APRESENTAÇÃO

Somos condenados a julgar e a ser julgados. Não há como interagir com o mundo, com as pessoas e com a linguagem sem fazer parte do tribunal cotidiano, que nos impõe algum juízo de valor sobre si, sobre o outro e sobre o estado das coisas. Nossos julgamentos, com ou sem critérios claros, explícitos ou implícitos, ruidosos ou silenciosos, justos ou injustos, ocorrem diariamente e até no silêncio – não há como escapar. Mesmo aquele que age por impulso, ou intempestivamente, ou sem elaborar um raciocínio claro sobre a condição dos próprios atos e gestos, sentencia, conforme ajuíza o mundo, conforme um código de conduta moral estabelecido dentro de si, consciente ou não.

A dificuldade, neste mundo, é ter a certeza de que, de alguma maneira, estamos sendo juízes ou julgadores honestos, conhecedores das motivações, das influências e dos valores que influenciam e contaminam nossas sentenças e ajuizamentos. Mas há, sim, aqueles que têm certeza dos valores que alicerçam seus julgamentos e que se orgulham deles. Há nesses orgulhos e julgamentos valores altruístas ou mesquinhos, decentes ou indecentes, íntegros ou corrompidos. Há, neste mundo, orgulho para todo tipo de valoração e ajuizamento.

Mesmo aqueles que fogem do julgamento, silenciam ou preferem concordar com a maioria, agem conforme a conveniência, a covardia, a leniência ou a ignorância. Julgando ou não julgando, produzem-se ajuizamentos e sentenças. Machado de Assis, no conto "Suje-se gordo!" ironiza o desejo alienado ou conveniente ou astuto de, aparentemente, não desejar julgar alguém. "Fui sempre contrário ao júri, – disse-me aquele amigo, – não pela instituição em si, que é liberal, mas porque me repugna condenar alguém, e por aquele preceito do Evangelho: "Não queirais julgar para que não sejais julgados. (...) O melhor de tudo é não julgar ninguém para não vir a ser julgado. Suje-se gordo! Suje-se magro! Suje-se como lhe parecer! O mais seguro é não julgar ninguém..."

O olhar irônico e crítico do "Bruxo do Cosme Velho", como também era conhecido Machado, disseca cirurgicamente as entranhas da nossa organização moral, expondo-a a público para que seja analisada e conhecida. A leitura de sua obra nos faz conhecer quem somos quando julgamos e quando nos esquivamos de atuar e julgar. Não se sai imune das páginas de Machado. Elas incomodam, mas fazem pensar e relativizar a si, os atos e o mundo; fazem compreender o réu e o juiz que há em nós e o que baliza e norteia nosso comportamento no tribunal da existência.

Não há, neste livro, uma leitura inovadora do Bruxo e de sua obra, não há uma tese polêmica ou inédita a ser defendida, ou especulações em torno do que ele escreveu e pensou. Há apenas uma retomada simplificada do que a crítica especializada ressaltou e analisou em sua obra.

Alcides Villaça, Alfredo Bosi, Alfredo Pujol, Antonio Candido, Augusto Meyer, Helen Caldwell, Hélio de Seixas Guimarães, Lucia Miguel Pereira, Jean Michel-Massa, João Cezar de Castro Rocha, John Gledson, José Luiz Passos e Roberto Schwarz foram-me lanternas para iluminar os caminhos dos leitores que desejam retomar a obra de Machado e a leitura que fizeram dele e, talvez, quem sabe, retomar a leitura que fizeram e fazem de si e do mundo.

Machado é como a lanterna de Diógenes, que busca o tempo todo o homem que anda na penumbra e à sombra de seus julgamentos. Machado ilumina o homem, relativiza o gesto e o põe nu diante de si e do espelho.

UMA CRÔNICA MACHADIANA

"Apaguemos a lanterna de Diógenes; achei um homem. Não é príncipe, nem eclesiástico, nem filósofo, não pintou uma grande tela, não escreveu um belo livro, não descobriu nenhuma lei científica. Também não fundou a *efêmera república do Loreto*, conseguintemente não fugiu com a caixa, como disse o telégrafo acerca de um dos rebeldes, logo que a província se submeteu às autoridades legais do Peru. O ato de rebeldia não foi sequer heroico, e a levada da caixa não tem merecimento, é a simples necessidade de um *viático*. O pão do exílio é amargo e duro; força é barrá-lo com manteiga.

Não, o homem que achei não é nada disso. É um barbeiro, mas tal barbeiro que, sendo barbeiro, não é exatamente barbeiro. Perdoai esta logomaquia; o estilo ressente-se da exaltação da minha alma. Achei um homem. E importa notar que não andei atrás dele. Estava em casa muito sossegado, com os olhos nos jornais e o pensamento nas estrelas quando um pequenino anúncio me deu rebate ao pensamento, e este desceu mais rápido que o raio até o papel. Então li isto: "Vende-se uma casa de barbeiro fora da cidade, o ponto é bom e o capital diminuto; o dono vende por não entender..." [...] do ofício. Parecia-me fácil, a princípio: sabão, uma navalha, uma cara, cuidei que não era preciso mais escola que o uso, e foi a minha ilusão, a minha grande ilusão. Os homens vieram vindo, ajudando o meu erro; entravam mansos e saíam pacíficos. Agora, porém, reconheço que não sou absolutamente barbeiro, e a vista do sangue que derramei, faz-me enfim recuar. Basta, Carvalho! É tempo de abandonar o que não sabes. Que outros mais capazes tomem a tua freguesia...

A grandeza deste homem (escusado é dizê-lo) está em ser único. Se outros barbeiros vendessem as lojas por falta de vocação, o merecimento seria pouco ou nenhum. Assim os dentistas. Assim os farmacêuticos. Assim toda a casta de oficiais deste mundo, que preferem ir cavando as caras, as bocas e as covas, a vir dizer *chãmente* que não entendem do ofício. Esse ato seria a retificação da sociedade. (...) Cada homem assim devolvido ao lugar próprio e determinado. (...)"

Crônica publicada na *Gazeta de Notícias*
em 26 de julho de 1896.

Livros relidos são livros eternos.

"Papéis velhos"

INTRODUÇÃO

Ítalo Calvino, escritor e ensaísta italiano, afirma que clássico é "(...) aquilo que persiste como rumor mesmo onde predomina a atualidade mais incompatível". A definição do mestre italiano veste com elegância o mestre brasileiro, deixa-o bem confortável nela, como roupa feita sob medida.

Machado de Assis é um clássico porque continua a ser lido por leitores avulsos e apaixonados, por estudantes curiosos e submetidos a exames escolares e por críticos literários que, ano após ano, desde os seus primeiros escritos, debruçam-se sobre sua obra em busca de novas interpretações e compreensões. E, fundamentalmente, Machado é um clássico porque continua nos lendo com seu olhar arguto, olhar de "míope", que espreita o encoberto, escrutina o que não está à vista – o que foge ao olhar distraído que se atém às coisas do dia e da superfície.

O "Bruxo do Cosme Velho", alcunha de origem incerta dada a Machado, persiste em nosso tempo, captando o rumor da atualidade e oferecendo ao leitor contemporâneo seu *pince-nez* de míope, sua lupa de sacar o encoberto, de perceber o miúdo que se esconde e se mistura ao pó do tempo e do espaço. O que se supõe diverso hoje, os fatos, – à custa e a despeito do tempo e da evolução dele – pode esconder a mesma natureza ou o mesmo conceito. Sobretudo porque por trás dos acontecimentos o que há ainda é a pessoa, os indivíduos e suas idiossincrasias, preferências, anseios, lutas, vaidades e vicissitudes.

Sua obra especular e especulativa é um espelho da alma humana – e especialmente brasileira, como veremos adiante. Sua ironia sutil e melancólica, seu pessimismo rabugento e divertido são um depoimento contundente sobre a condição humana, sobre a luta exasperada pelo poder e pela conquista. De sua pena elegante, destilou-se a galhofa com as tintas da melancolia. Nada passou despercebido do olhar de Machado, que emprestou sua verve relativista, não para condenar ou para absolver, mas para revelar o que há escondido atrás do gesto, do ato e das intenções. Isso não significa que ele não tivesse seu ponto de vista marcado e definido, mas deixava o leitor, com seu "olhar de míope" descobrir ou não o seu posicionamento. O pensamento dele deslizava suave sobre a lacuna que se estendia em suas histórias. Machado preferia, ironicamente, revelar mais o olhar de quem lê o escrito do que o de quem escreveu. Eram as astúcias do mestre.

O Bruxo foi um perscrutador do ínfimo e dos pormenores que insistem em se repetir na passagem dos séculos. Sabia como poucos que a saga humana na Terra se repete em outros tons, com roupagem nova e com paisagens diversas, mas monótona e condenada à cobiça, como revelado em "O delírio", de *Memórias póstumas de Brás Cubas*, em que o defunto-autor, suspenso no ar pela natureza, vê a repetição eterna da nossa viciosa caminhada na Terra repleta de glória e de miséria:

> "Imagina tu, leitor, uma redução dos séculos, e um desfilar de todos eles, as raças todas, todas as paixões, o tumulto dos impérios, a guerra dos apetites e dos ódios, a destruição recíproca dos seres e das cousas (...) eu via tudo o que passava diante de mim – flagelos e delícias – desde essa cousa que se chama glória até essa outra que se chama miséria, e via o amor multiplicando a miséria, e via a miséria agravando a debilidade. Aí vinham a cobiça que devora, a cólera que inflama, a inveja que baba, e a enxada e a pena, úmidas de suor, e a ambição, a fome, a vaidade, a melancolia, a riqueza, o amor, e todos agitavam o homem (...) vi enfim chegar o século presente, e atrás dele os futuros. Aquele vinha ágil, destro, vibrante, cheio de si, um pouco difuso, audaz, sabedor, mas ao cabo tão miserável como os primeiros, e assim passou e assim passaram os outros, com a mesma rapidez e igual monotonia".

Espera-se, neste pequeno livro, apoiado pelo olhar oblíquo e "míope" de Machado, vasculhar as principais questões humanas que se repetem nos séculos. Investigaremos a condição humana, não com o olhar moralista que define o certo e o errado, que separa o joio do trigo, mas com um olhar galhofo e melancólico, que chora e ri da condição humana e que a compreende e a relativiza.

Como veremos nas páginas seguintes, a compreensão da nossa condição embaixo da face do sol e sob olhar machadiano – traduzido em personagens universais e complexas – não significa, necessariamente, a acusação dos vícios ou o aplauso das virtudes em tom maniqueísta e simplório. A compreensão do humano em nós significa entender que sob o manto da modernidade há "só verdades velhas, caiadas de novo". E verdades sempre dúbias. Machado sabe que na moeda da verdade há também a face da mentira. E nas bordas há a ilusão, que não é necessariamente mentira, e se faz por determinado tempo verdade, e a falsidade que é verdadeira até que se prove o contrário. O mergulho na obra de Machado é como um piparote que faz girar a moeda e, nas voltas que ela dá, misturam-se a verdade, a mentira, a ilusão e a falsidade. Num insólito jogo de cara ou coroa.

Ninguém sai isento depois da leitura e da releitura de um clássico, ninguém sai isento nem de si mesmo. Depois de arranhadas as camadas embaixo das camadas, haverá, sim, alguma dor, mas sobrará também engrandecimento.

O ESCRITOR RELATIVISTA

Nada afirmo porque me falta a devida autoridade teológica. Uso da forma dubidativa.

Crônica publicada na *Gazeta de Notícias* em 19 de julho de 1892.

"Quando olhas para vida, cuidas que é o mesmo livro que leram os outros homens – um livro delicioso ou nojoso, segundo for o teu temperamento, a tua filosofia ou a tua idade."

Crônica publicada na *Gazeta de Notícias* em 1º de outubro de 1893.

"Capitu era Capitu, isto é, uma criatura muito particular, mais mulher do que eu era homem. Se ainda o não disse, aí fica. Se disse, fica também. Há conceitos que se devem incutir na alma do leitor, à força de repetição."

Dom Casmurro

"Amanhã pode lá dormir um eclesiástico, depois um assassino, depois um ferreiro, depois um poeta, e todos abençoarão esse canto de terra, que lhes deu algumas ilusões."

Memórias póstumas de Brás Cubas

NA OBRA DE MACHADO DE ASSIS NÃO HÁ UMA FRASE QUE NÃO esteja carregada de segunda intenção e de sarcasmo. Há, em sua literatura, personagens cuja volubilidade moral põe em xeque qualquer definição categórica sobre eles. Impossível ler Machado sem buscar nas entrelinhas o escondido e o interstício, o Bruxo sempre foi o escritor das fendas e da intenção oblíqua, e nelas projetou leitores e personagens em um jogo ardiloso entre ficção e realidade, entre verdade e mentira. Ou, nas palavras do crítico literário Antonio Candido:

> "Se tivesse ficado no plano dos aforismos desencantados que fascinavam as primeiras gerações de críticos; ou mesmo no das situações psicológicas ambíguas, que depois se tornaram o seu atrativo principal, talvez não tivesse sido mais do que um dos 'heróis da decadência'. (...) Mas, além disso, há na sua obra um interesse mais largo, proveniente do fato de haver incluído discretamente um estranho fio social na tela do seu relativismo. Pela sua obra toda há um profundo, nada documentário, do *status*, do duelo de salões, do movimento das camadas, da potência do dinheiro".

Quem não conhece o famoso dilema de Dom Casmurro? Capitu traiu ou não traiu Bentinho? Ezequiel é filho de Bento ou de Escobar? Críticos debruçaram-se sobre a obra desde o dia em que foi publicada e, até hoje, não se chegou a um veredicto unânime. É verdade que os primeiros e apressados críticos condenaram Capitu e absolveram o amoroso Bento. Reflexos de uma sociedade patriarcal e corporativista, sem dúvida. Veja a leitura proposta por Alfredo Pujol, famoso crítico à época de Machado:

> "Passemos agora a *Dom Casmurro*. É um livro cruel. Bento Santiago, alma cândida e boa, submissa e confiante, feita para o sacrifício e para a ternura, ama desde criança a sua deliciosa vizinha, Capitolina – Capitu, como lhe chamavam em família. Esta Capitu é uma das mais belas e fortes criações de Machado de Assis. Ela traz o engano e a perfídia nos olhos cheios de sedução e de graça. Dissimulada por índole, a insídia é nela, por assim dizer, instintiva e talvez inconsciente. Bento Santiago, que a mãe queria que fosse padre, consegue escapar ao destino que lhe preparavam, forma-se em direito e casa com a companheira de infância. Capitu engana-o com seu melhor amigo, e Bento Santiago vem a saber que não é seu o filho que presumia do casal. A traição da mulher torna-o cético e quase mau".

Simples assim. O crítico aceitou de bate-pronto a narrativa unilateral de Bento Santiago. Pois é, o livro é narrado em primeira pessoa. Assim, temos apenas a visão e o depoimento de Bentinho, que, corroído pelo ciúme, acusa sua mulher e seu melhor amigo de, juntos, enganarem-no, em adultério pérfido e cruel, como aponta o "cúmplice" crítico.

Observe, agora, o capítulo final do livro:

"(...) O resto é saber se a Capitu da Praia da Glória já estava dentro da de Mata-cavalos, ou se esta foi mudada naquela por efeito de algum caso incidente. Jesus, filho de Sirach, se soubesse dos meus primeiros ciúmes, dir-me-ia, como no seu cap. IX, vers. I: 'Não tenhas ciúmes de tua mulher para que ela não se meta a enganar-te com a malícia que aprender de ti'. Mas eu creio que não, e tu concordarás comigo; se te lembras bem da Capitu menina, hás de reconhecer que uma estava dentro da outra, como a fruta dentro da casca.

E bem, qualquer que seja a solução, uma cousa fica, e é a suma das sumas, ou o resto dos restos, a saber, que a minha primeira amiga e o meu maior amigo, tão extremosos ambos e tão queridos também, quis o destino que acabassem juntando-se e enganando-me... A terra lhes seja leve! Vamos à *História dos Subúrbios*."

Veja, como não temos as vozes autônomas de Capitu e de Escobar, temos apenas a fala de Bento, que se pronuncia por eles – como o dono das vozes da narrativa. Nesse caso, creio que caiba ao menos a dúvida sobre a relativização do adultério, não? Ou a voz do narrador basta como sinônimo de verdade absoluta e inconteste? Para apimentar a possibilidade de dúvida, atente-se ao que Bento diz sobre a própria imaginação, no capítulo 40, "Uma Égua": "A imaginação foi a companheira de toda a minha existência, viva, rápida, inquieta, alguma vez tímida e amiga de empacar, as mais delas capaz de engolir campanhas e campanhas, correndo. Creio haver lido em Tácito que as éguas iberas concebiam pelo vento; se não foi nele, foi noutro autor antigo, que entendeu guardar essa crendice nos seus livros. Neste particular, a minha imaginação era uma grande égua ibera; a menor brisa lhe dava um potro, que saía logo cavalo de Alexandre".

Ora, se a imaginação do narrador foi sua companheira a vida toda e "a menor brisa lhe dava um potro", não se pode dizer que a certeza do adultério vem galopada na dúvida ou que foi concebida pelo vento ou por essa pequena brisa? E agora, José? – diria Drummond –, Houve ou não houve adultério? Capitu sempre foi "danadinha", desde criança, e se tornou uma mulher adúltera na vida adulta? Ou nas palavras do crítico apressado: "Ela traz o engano e a perfídia nos olhos cheios de sedução e de graça". Ou Bento Santiago sempre foi imaginativo e "inventou" do vento, e da própria insegurança, o cruel adultério? E agora, leitor? Qual dos dois é a fruta dentro da casca? A possível adúltera ou o desconfiado marido?

Há, no livro, como veremos adiante – quando tratarmos do amor na obra de Machado, muitos outros exemplos que levam o leitor a crer na culpa e na absolvição de Capitu. Como sugeria o próprio Machado: "Visões valem o mesmo que a retina em que se operam". Uma lição de mestre do Bruxo sobre o relativismo: os olhos recortam e interpretam o visto conforme as disposições do ânimo, dos interesses e das intenções.

Talvez, um incauto e apressado leitor diga que o livro é datado. Hoje a questão não seria discutida, não traria a polêmica que trouxe na época da publicação. Diria que Machado poderia ser um clássico, mas não nessa questão. E emendaria: "Em tempos de teste de DNA, o livro perderia toda a graça. Bastaria um parecer científico para comprovar ou não a paternidade de Ezequiel". Sim, se a questão se resumisse apenas a isso, com certeza estaria resolvida essa contenda, mas não o drama em torno dela.

Machado, porém, entre muitas outras questões sociais e humanas abordadas no livro, põe sobre julgo – sobre consideração de nossa avaliação moral – a desconfiança e relativiza as certezas de quem detém o poder da fala e da narrativa. Segundo o crítico Antonio Candido, "dentro do universo machadiano, não importa muito que a convicção de Bento seja verdadeira, porque a consequência é exatamente a mesma nos dois casos: imaginária ou real, ela destrói a sua casa e a sua vida".

Além de relativizar a traição ou não de Capitu, ou a veracidade ou não do discurso de Bento, o que mais Machado discute nessa questão? Se constatada a traição, eles se separariam? Se não constatada, eles ficariam em paz e Bento assumiria de vez a paternidade?

Para responder a essas questões, vamos para um fictício diálogo entre um marido ciumento e uma suposta mulher adúltera:

> MARIDO: Fulana, há um homem escondido no seu quarto?
> MULHER: Se houver um, estará tudo acabado entre nós?
> MARIDO: Lógico que sim. Estará tudo acabado entre nós.
> MULHER: Mas se não houver, estará tudo acabado também. Tenha isso bem claro. Aliás, já está tudo acabado entre nós. A sua pergunta é o começo do nosso fim.

A pequena anedota ilustra que a desconfiança em si e a acusação já puseram no nascedouro delas um termo na relação do fictício casal. Isso reafirma o que propôs o crítico literário Antonio Candido sobre o ciúme e sobre a destruição do lar e da vida de Bento e de Capitu: "imaginária ou real, ela (a convicção da traição) destrói a sua casa e a sua vida".

Percebe, querido leitor, que o ciúme e a desconfiança em si não põem termo à questão. Se uma Capitu moderna fosse submetida a um teste de DNA, teríamos a resposta sobre a paternidade de Ezequiel, e comprovada cientificamente a certeza da traição, caso Escobar fosse confirmado o pai da criança. Embora, convenhamos que o pedido do teste em si reforçasse mais a desconfiança de Bento. No entanto, caso se comprovasse que o pai era mesmo Bento Santiago, ainda não se poderia afirmar com a certeza a fidelidade de Capitu, porque ela poderia tê-lo traído sem engravidar, nem a obsessão de Bento seria aplacada, porque sua insegurança é o motor de seu ciúme. O drama do casal é maior do que a resposta factual da ciência. Se atestado que Ezequiel fosse mesmo filho de Bento, talvez nem o lar nem o casamento fossem restituídos, como diz o samba: "O lar não mais existe. Ninguém volta ao que acabou".

O medo nos faz desconfiar do outro e, mais ainda, nos faz impor ao outro a causa dos nossos medos. Bento, proprietário mimado, herdeiro que viu seu dinheiro prosperar nas hábeis mãos do comerciante Escobar, temia e invejava Capitu e Escobar: "Capitu era Capitu, isto é, uma criatura muito particular, mais mulher do que eu era homem".

Caetano Veloso sugere que o ciumento ama e inveja mais o inimigo do que o ser amado: "O ciúme dói nos cotovelos (...)/ Dói da flor da pele ao pó do osso/ Rói do cóccix até o pescoço/ Acende uma luz branca em seu umbigo/ Você ama o inimigo/ E se torna inimigo do amor". Quem leu *Otelo*, de Shakespeare, ou o capítulo "Otelo", em *Dom Casmurro*, entende bem o que sugere o cancioneiro popular. Machado, em *Dom Casmurro*, ateia fogo nesse fogo: "Apalpei-lhe (de Escobar) os braços, como se fossem os de

Sancha. Custa-me esta confissão, mas não posso suprimi-la; era jarretar a verdade. Nem só os apalpei com essa ideia, mas ainda senti outra cousa: achei-os mais grossos e fortes que os meus, e tive-lhes inveja".

Tenho uma curiosidade, querido leitor. Em algum momento de sua vida, já disse a frase: "perguntar não ofende"? Será mesmo que nenhuma pergunta poderá produzir ofensa? Será que, por exemplo, se eu indagasse um colega de trabalho sobre o sumiço de um pertence meu, eu não poderia ofendê-lo? Vejamos: "Você, por acaso, roubou o meu celular que deixei sobre a mesa?" Será que ele se sentiria ofendido? Vamos, então, atenuar a pergunta: "Se você encontrar meu celular, poderia me devolver, por favor?" Ora, o questionamento não traz o pressuposto de que o celular poderia não ser devolvido? Não é ofensivo?

Imagine agora um outro fictício casal em uma conversa: "Amor, você promete que será fiel, na saúde e na doença, até que a morte nos separe?" Uma pergunta como essa é inocente ou ofensiva? Novamente, não se apresse a responder. Veja antes como a irônica canção "Mil perdões", de Chico Buarque, compreende esse tipo de pergunta: "Te perdoo/ Por fazeres mil perguntas/ Que em vidas que andam juntas/ Ninguém faz (...)/ Te perdoo por ligares/ Pra todos os lugares/ De onde eu vim (...)/ Te perdoo/ Por contares minhas horas/ Nas minhas demoras por aí (...)/

Te perdoo porque choras/ Quando eu choro de rir/ Te perdoo/ Por te trair". O eu lírico da canção, de forma estranha, perdoa as perguntas feitas e a própria traição. Não parece um disparate, uma afronta? Sim, relativista leitor; talvez sim, talvez não. Mas a canção alerta que há perguntas que "em vidas que andam juntas, ninguém faz". Sugere que se há dúvida de fidelidade, há traição. Talvez os perdões, na canção, possam ser melancólicos, ou talvez provocativos, ou talvez libertários. Mas não nos resta dúvida de que eles são irônicos e relativistas, não?

Nelson Rodrigues, no conto "Se ela me trair?", explora a obsessão de um noivo apaixonado e ciumento que traz consigo a suspeita aguda e a certeza antecipada do adultério da amada. Crê que ela possa traí-lo até, segundo ele, "daqui a vinte anos, nunca se sabe". O desfecho do conto e da obsessão é trágico. O marido mata a mulher e escreve na parede, ao lado do corpo dela caído na cama, a seguinte frase: "As mortas não traem". A convicção do ciumento é a sua certeza. Ele não precisa do fato, basta para si a sua própria desconfiança.

Não é apenas nas relações de afeto que podemos observar a crença antecipada em uma determinada verdade. Se alguém procura um amigo para falar mal de outrem, pode ouvir como reação: "Sério? Sempre desconfiei mesmo dele", ou: "Não acredito, ele não faria isso. Impossível!" Nas duas reações, os julgamentos são anteriores à enunciação, a crença na probidade ou não do amigo vale mais do que o dito ou o feito.

Ocorre exatamente a mesma disposição no tribunal inquisitório das redes sociais em que pessoas ávidas por defender uma posição política ou ideológica aceitam acusações e elogios aos seus afetos e desafetos com uma disposição indubitável. Quase não há filtro. Assim como um amante suspeitoso ou convicto de suas obsessões.

A mídia também contribui demasiadamente para vender seus peixes aos diletos e também obsessivos consumidores, sabendo muito bem a quem está se dirigindo, e publica exatamente aquilo que se deseja ler. Os fatos são traduzidos pelo acordo tácito entre a mídia e seu receptor. Quase não há relativização ou questionamento da verdade. Por isso, proliferam nas redes sociais as *fake news*. Sempre haverá quem deseja acreditar nelas.

E pode acreditar, raro leitor deste livro, que a grande imprensa, com as sutilezas da linguagem, também torna *fakes* as notícias das ocorrências verdadeiras. Com um passe de mágica da varinha do modo indicativo ou do subjuntivo, a grande mídia transforma o fato e a notícia. Exemplo? Tome dois: determinada figura pública **"é suspeita"** ou **"talvez seja suspeita de impropriedade pública"**. Fulano **"está envolvido em caso de corrupção"** ou **"talvez esteja atrelado em suposto caso de corrupção"**. Assim, o dono da voz (como seria Bento Santiago) passa a ser dono do fato e da notícia.

· Imagine agora que, em uma singela situação familiar, o filho se dirige ao pai com um forte e afetuoso abraço. O pai, surpreso com a manifestação de carinho do filho, pergunta-lhe se está querendo alguma coisa com isso. Essa situação bastante corriqueira entre pais e filhos não sinaliza que essas vidas já não andam juntas como a de Capitu e Bento, ou como a dos interlocutores das anedotas e das canções?

Imagine outra situação corriqueira em uma sala de aula: "Professor, você vai corrigir a prova com carinho, né?" Pode ser uma pergunta ofensiva? Pode ser relativizada? O que a pergunta sugere?

Enfim, todos os fragmentos de obras de Machado arrolados neste capítulo, associados aos exemplos, comprovam que o Bruxo do Cosme Velho nos ensina a ler nas entrelinhas as intenções encobertas. Em seus escritos, ele sugeria mais do que afirmava. Neles, criou personagens complexas, incorporou nelas a habilidade do disfarce, o jogo de cena, a contradição proposital e involuntária, e toda a sorte de perplexidades. Em suas tramas, raramente moralizava seus personagens ou resolvia as situações propostas. Muitas de suas histórias são campo aberto, sem definição. Isso permite ao leitor tirar suas próprias conclusões que, no sutil ardil do mestre, revelam mais da percepção e da moral do leitor do que do autor ou da história contada.

O dilema de Dom Casmurro nos provoca e nos atrai porque trabalha com a suspeita, motor que nos move, porque nós nos reconhecemos também como suspeitadores e suspeitos no correr da vida. Capitu traiu Bentinho? Não se pode provar que sim ou que não. Mas Machado, de camarote e com elegância, diria: "Que profundas que são as molas da vida!"

Independentemente da traição ou não e da ausência de resposta do Bruxo do Cosme Velho, o seu caldeirão nos faz desconfiar e suspeitar dos donos das vozes unilaterais – daqueles que instauram o medo e só depois a esperança, ou ao contrário, a esperança, para depois instaurar o medo, porque são fruta e casca. Se a esperança é a expectativa boa no futuro, o medo é a expectativa má. E, em nome delas, o dono da voz unilateral sempre funcionará como bombeiro; e Nero, para trazer as boas novas, precisará das más notícias. Manipulará uma ou outra de acordo com seu interesse:

> "Agora, por que é que nenhuma dessas caprichosas me fez esquecer a primeira amada do meu coração? Talvez porque nenhuma tinha os olhos de ressaca, nem os de cigana oblíqua e dissimulada (...) E bem, qualquer que seja a solução, uma cousa fica, e é a suma das sumas, ou o resto dos restos, a saber, que a minha primeira amiga e o meu maior amigo, tão extremosos ambos e tão queridos também, quis o destino que acabassem juntando-se e enganando-me."

VAIDADE

Eu não sou homem que recuse elogios. Amo-os; eles fazem bem à alma e até ao corpo. As melhores digestões de minha vida são as dos jantares em que sou brindado.

Crônica publicada na *Gazeta de Notícias* em 25 de setembro de 1892.

"Nunca viste ferver água? Hás de lembrar-te que as bolhas fazem-se e desfazem-se de contínuo, e tudo fica na mesma água. Os indivíduos são essas bolhas transitórias."

Quincas Borba

"Não me caíram as ilusões como folhas secas que um débil sopro desprega e leva, foram-me arrancadas no pleno vigor da vegetação."

Ressurreição

"Onde há muitos bens, há muitos que os comam, diz Eclesiastes; quando me afligirem os passos da vida, vou-me a esse velho livro para saber que tudo é vaidade."

Crônica publicada na *Gazeta de Notícias* em 15 de janeiro de 1893.

MACHADO, COMO POUCOS, SOUBE EXPLORAR OS MEANDROS que dividem os limites dos conceitos de vaidade e de humildade. Em vez de simplesmente definir que uma é o contrário da outra, ou seja, onde há vaidade não há humildade e vice-versa, ele preferiu expor as ranhuras de uma e de outra, as fissuras que revelam que, às vezes, uma é a fruta e a outra é a casca. E, assim, descascar uma na outra, estreitando o lastro que falsamente as opõem. Em *Memórias póstumas de Brás Cubas*, na voz do protagonista, ele nos convida a decidir entre a vaidade e a humildade, entre o cônego e o militar:

> "Um tio meu, cônego de prebenda inteira, costumava dizer que o amor da glória temporal era a perdição das almas, que só devem cobiçar a glória eterna. Ao que retorquia outro tio, oficial de um dos antigos terços de infantaria, que o amor da glória era a cousa mais verdadeiramente humana que há no homem, e, conseguintemente, a sua mais genuína feição. Decida o leitor entre o militar e o cônego; eu volto ao emplasto".

Brás, pouco indeciso nessa questão, ansiava mais pela glória mundana, pela vaidade do que pelo dinheiro ou pelo suposto altruísmo. O emplasto que, na intenção, curaria o homem da sua fatal e irremediável melancolia e hipocondria, curaria também o seu possível inventor do vazio existencial ou da solidão e do anonimato existencial, da ausência de glória e de aplausos. Brás era vaidoso e deleitoso. Quereria, por exemplo, ao contar sua história, ser maior que Moisés e que o Pentateuco:

> "Algum tempo hesitei se devia abrir estas memórias pelo princípio ou pelo fim, isto é, se poria em primeiro lugar o meu nascimento ou a minha morte. Suposto o uso vulgar seja começar pelo nascimento, duas considerações me levaram a adotar diferente método: a primeira é que eu não sou propriamente um autor defunto, mas um defunto-autor, para quem a campa foi outro berço; a segunda é que o escrito ficaria assim mais galante e mais novo. Moisés, que também contou a sua morte, não a pôs no introito, mas no cabo: diferença radical entre este livro e o Pentateuco".

Sua veleidade não tinha limite. Não contente com o número reduzido de amigos que acompanhou seu sepultamento, o defunto-autor se sai com esta:

> "(...) fui acompanhado ao cemitério por onze amigos. Onze amigos! Verdade é que não houve cartas nem anúncios. Acresce que chovia ". Brás, maior que Moisés, credita à chuva a ínfima adesão de amigos ao seu funeral. Ela os impediu de seguir e acompanhar o funeral. Vê-se aí um

indivíduo que se nega a ver a própria irrelevância, nega-se a ver o próprio vazio: "Este último capítulo é todo de negativas. Não alcancei a celebridade do emplasto, não fui ministro, não fui califa, não conheci o casamento".

No entanto, se houvesse em Brás um arroubo de sinceridade e de humildade, ele não seria vaidoso?

"Talvez espante ao leitor a franqueza com que lhe exponho e realço a minha mediocridade; advirto que a franqueza é a primeira virtude de um defunto. Na vida, o olhar da opinião, o contraste dos interesses, a luta das cobiças obrigam a gente a calar os trapos velhos, a disfarçar os rasgões e os remendos, a não estender ao mundo as revelações que faz à consciência."

Para responder a essa pergunta capciosa e determinar se Brás Cubas está mais com o tio cônego ou mais com o militar, que tal pensarmos um pouco sobre o conceito de vaidade e de humildade?

O sábio rei Salomão, tendo o Eclesiastes como fonte "Vaidade das vaidades, tudo é vaidade" (Eclesiastes, 1, 2), conclui que, se tudo é vaidade, há na humildade resquícios de vaidade, ou que a humildade não pode ou não deve ser virtude; porque, se alardeada ou aceita, escorrega para vaidade. Assim, talvez, a confidência sincera, mas pouco confiável, do narrador menos confiável, ainda pode ser apenas o reverso da moeda; num giro, o que parece humilde torna-se orgulho. Mas vamos para uma situação anedótica simples. Imagine-se, leitor, diante de Cristiano Ronaldo – O CR7, um dos melhores jogadores de futebol de todos os tempos e conhecido por sua irremediável tentação de se olhar no telão dos estádios – com a oportunidade de lhe fazer uma pergunta óbvia: "Cristiano, você é o melhor jogador de futebol dos últimos anos?" Se Cristiano Ronaldo afirmar que é, sim, o melhor de todos, sua resposta parecerá vaidosa e soberba. Se ele disser que não, que ele é apenas mais um bom jogador entre muitos, fatalmente parecerá falsa e fingida: o que chamamos de falsa modéstia. Atado à impossibilidade de dizer o que pensa ou de disfarçar o que sente, Cristiano Ronaldo será vítima do olhar impiedoso do outro que lhe imporá a pecha de vaidoso ou de falso humilde, será refém dos dois lados da moeda. Ou, como sugere O Eclesiastes "tudo é vaidade". Inclusive, em certas ocasiões, a humildade que pode ser a vaidade por trás da porta.

Somos vaidosos porque gostamos de luxo, de ostentação e de roupas de grifes reconhecidas e valorizadas. Somos também vaidosos porque somos despojados e desprezamos o luxo, a riqueza e a ostentação, porque buscamos a simplicidade. Há quem seja vaidoso pela pompa e há quem seja vaidoso, ora veja, pela simplicidade quase humilde. Há quem se orgulhe de ser organizado e metódico e há quem se ufane por ser desorganizado. O homem está sempre preso à vaidade, porque tudo é vaidade.

A vaidade ensurdece. Basta alguém nos contar sobre a viagem maravilhosa que fez, sobre os monumentos e museus que conheceu, as comidas e bebidas que experimentou, para que, em menos de alguns segundos, passarmos a não mais falar sobre a viagem do amigo e começarmos a dissertar e divagar sobre a nossa viagem, com os mesmos deleites. Dois grandes amigos surdos, vaidosos por ter a oportunidade de compartilhar um com o outro o orgulho e a vaidade das viagens que fizeram.

A situação faz lembrar a personagem Rubião no início de *Quincas Borba*, de Machado de Assis:

"Rubião fitava a enseada – eram oito horas da manhã. Quem o visse, com os polegares metidos no cordão do chambre, à janela de uma grande casa de Botafogo, cuidaria que ele admirava aquele pedaço de água quieta; mas, em verdade, vos digo que pensava em outra cousa. Cotejava o passado com o presente. Que era, há um ano? Professor. Que é agora? Capitalista. Olha para si, para as chinelas (umas chinelas de Túnis, que lhe deu recente amigo, Cristiano Palha), para a casa, para o jardim, para a enseada, para os morros e para o céu; e tudo, desde as chinelas até o céu, tudo entra na mesma sensação de propriedade".

Rubião, feliz com sua nova condição, enxerga "uma luz branca em seu umbigo". Volta-se para si cheio de orgulho e de satisfação. Compara o que foi um dia com o que é e se refestela em um enorme sentimento de propriedade e de egocentrismo. Assim, é o vaidoso narcísico, apenas seu mundo, suas viagens, suas escolhas, suas recusas são razoáveis ou dignas de atenção. O vaidoso, mesmo na desgraça de alguém próximo, mostra sua ponta de vaidade. É capaz de sentir-se feliz pela bela e florida coroa de flores que enviou a uma família querida que teve seu ente morto. E, se sua coroa for a maior de todas, maior será a luz projetada em seu umbigo, maior o sentimento de felicidade pelo seu gesto. Ele será o dono da coroa mais bela, será seu sentimento de propriedade. No entanto, o suposto humilde que não enviou coroa alguma também se sente orgulhoso pelo "verdadeiro sentimento de dor" representado em um ramo de rosa jogado à cova. Será também seu sentimento de propriedade.

Fernando Pessoa, outro clássico, no "Poema em linha reta", afirma: "Nunca conheci quem tivesse levado porrada/ Todos os meus conhecidos têm sido campeões em tudo/ E eu, tantas vezes reles, tantas vezes porco, tantas vezes vil (...)/ Que tenho sido grotesco, mesquinho, submisso e arrogante/ Que tenho sofrido enxovalhos e calado/ Que quando não tenho calado, tenho sido mais ridículo ainda (...)/ Toda a gente que eu conheço e que fala comigo/ Nunca

46

teve um ato ridículo, nunca sofreu enxovalho/ Nunca foi senão príncipe – todos eles príncipes – na vida.../ Quem me dera ouvir de alguém a voz humana/ Que confessasse não um pecado, mas uma infâmia/ Que contasse, não uma violência, mas uma cobardia!..." O poeta reclama de príncipes vencedores na vida, sempre prontos ao autoelogio, às *selfies* de felicidade, às postagens de glórias, à vida editada e feliz das rede sociais.

Problematizado o poema de Pessoa, poderíamos perguntar: Será que a voz humana, demasiadamente humana que confessasse uma covardia não seria vista pelos outros como corajosa? Será que a vaidade dela não estaria na recusa em ser príncipe? Será que o ato de coragem não seria contraditoriamente confessar a infâmia e a covardia? Será que o príncipe e o infame são moedas que giram, giram e se confundem?

A palavra vaidade é originária dos termos latinos *vanitas, vanitatis*: cujo significado é nada mais e nada menos que vacuidade (o que é próprio do vácuo), ou seja: VAZIO ABSOLUTO. Na vaidade, desejamos ser o que não somos. Mas se Cristiano Ronaldo é o melhor do mundo, ele não deseja ser o que não é, ele simplesmente é, certo? Sim, é verdade. Mas vamos observar, com relatividade, a dialética da coisa. Vamos virar a moeda da vaidade e ir ao encontro de sua outra face, a humildade. Segundo o filósofo Comte-Sponteville, em *Pequeno tratado das grandes virtudes*,

"A humildade é uma virtude humilde: mas ela também duvida que seja uma virtude! Quem se gabasse da sua mostraria simplesmente que ela lhe falta. (...) A humildade não é a depreciação de si, ou é uma depreciação sem falsa apreciação. Não é ignorância do que somos, mas ao contrário, conhecimento, ou reconhecimento de tudo o que não somos. A humildade é virtude lúcida, sempre insatisfeita consigo mesma, mas que o seria inda mais se não o fosse. É a virtude do homem que sabe não ser Deus".

Cristiano Ronaldo teria de reconhecer não o que ele é, mas o que ele não é e não consegue ser. Se somos vaidosos e não conseguimos não sê-lo, uma vez que tudo é vaidade, talvez nos caiba saber, ao menos, o que fazer com ela.

Imagine agora, raríssimo leitor, se alguém de supetão lhe pedisse para dizer um defeito seu. Você diria "sou muito perfeccionista" ou "acredito demais nas pessoas"? Sua resposta revelaria a pura humildade ou a vaidade certa? Ou ela será a resposta pura e simples da verdade do que você é e não é? Você seria vaidoso ou humilde?

Brás Cubas talvez não tivesse dúvida: "Um grande futuro! Enquanto esta palavra me batia no ouvido, devolvia eu os olhos, ao longe, no horizonte misterioso e vago".

SER E PARECER

Não há alegria pública que não valha uma boa alegria particular.

Memorial de Aires

"Na vida, o olhar da opinião, o contraste dos interesses, a luta das cobiças obrigam a gente a calar os trapos velhos, a disfarçar os rasgões e os remendos, a não estender ao mundo as revelações que faz à consciência."

Memórias póstumas de Brás Cubas

"Quando um homem, por motivo de ódio ou de pretexto de amizade, quer fazer correr a respeito de outro uma calúnia, começa por comunicá-la ao primeiro amigo que encontra, acrescentando tê-la ouvido de outrem."

Pensamentos e reflexões

"Lágrimas parecem-se com os féretros. Quando algum desses passa, rico ou pobre, acompanhando ou sozinho, todos tiram o chapéu sem interromper a conversação."

Crônica publicada na *Gazeta de Notícias* em 7 de fevereiro de 1897.

NELSON RODRIGUES, COM O HUMOR ÁCIDO QUE LHE ERA próprio, vaticinou: "O ser humano é o único que se falsifica. Um tigre há de ser tigre eternamente. Um leão há de preservar, até a morte, o seu nobilíssimo rugido. E assim o sapo nasce sapo e como tal envelhece e fenece. Nunca vi um marreco que virasse outra coisa. Mas o ser humano pode, sim, desumanizar-se. Ele se falsifica e, ao mesmo tempo, falsifica o mundo". Para o bem e para o mal, o ser humano é condenado a fazer escolhas, seguir e abandonar caminhos e ideias, acender velas para Deus e para o Diabo, inventar a si e ao próprio mundo.

O ser e o estar no mundo exige do ser humano assumir um ponto de vista, uma condição social, uma identidade, uma margem do rio. Não se consegue o tempo todo viver na neutralidade ou na isenção absoluta. Nossa presença no mundo é regida pelo que nos afeta e pelo que fazemos afetar. Não se interage com os outros sem que a afetação mútua não se dê como fato e como interpretação. Nelson Rodrigues sabia muito bem que falsificar-se ou falsificar o mundo não era simplesmente bancar o hipócrita ou o mentiroso, falsificar o mundo pode ser isso, sem dúvida, mas pode também ser reinventar o mundo, proteger-se dele e nele.

Fazemos escolhas que nos representam e nos reafirmam, sem dúvida, mas também fazemos escolhas fraudulentas – autoenganosas, em busca de alguma vantagem ou de um menor prejuízo. Falsificamo-nos também e o mundo com a dissimulação, ora hipócrita ora necessária. E também falsificamos o mundo com a pintura, com a música, com a literatura, com a expressão artística em geral, com a linguagem, com a figuração.

A própria formalidade, exigência da vida pública, submete a todos uma autenticidade manca e uma falsificação espontânea. Machado, em *Memórias póstumas de Brás Cubas*, de forma irônica, personifica-a, transforma-a em entidade: "Amável Formalidade, tu és, sim, o bordão da vida, o bálsamo dos corações, a medianeira entre os homens, o vínculo da terra e do céu; tu enxugas as lágrimas de um pai, tu captas a indulgência de um Profeta. Se a dor adormece, e a consciência se acomoda, a quem, senão a ti, deverão esse imenso benefício? A estima que passa de chapéu na cabeça não diz nada à alma; mas a indiferença que corteja deixa-lhe uma deleitosa impressão".

E depois, em *A semana*, arremata em grande estilo o papel da formalidade e da falsificação de si e do mundo na vida pública: "Lágrimas parecem-se com os féretros. Quando algum desses passa, rico ou pobre, acompanhando ou sozinho, todos tiram o chapéu sem interromper a conversação".

Machado sabia que neste jogo de ser e parecer, paradoxalmente, não há e há bandidos e mocinhos. O Bruxo sabia que a falsificação do mundo pode ser exemplo de hipocrisia, de sobrevivência, de esperteza, de necessidade e de pulsão artística. Em *Dom Casmurro*, escancara: "A vida é cheia de obrigações que a gente cumpre, por mais vontade que tenha de as infringir deslavadamente", e poetiza:

> "Não me acode imagem capaz de dizer, sem quebra da dignidade do estilo, o que eles foram e me fizeram. Olhos de ressaca? Vá, de ressaca. É o que me dá ideia daquela feição nova. Traziam não sei que fluido misterioso e enérgico, uma força que arrastava para dentro, como a vaga que se retira da praia, nos dias de ressaca. Para não ser arrastado, agarrei-me às outras partes vizinhas, às orelhas, aos braços, aos cabelos espalhados pelos ombros; mas tão depressa buscava as pupilas, a onda que saía delas vinha crescendo, cava e escura, ameaçando envolver-me, puxar-me e tragar-me".

Em *Memórias póstumas de Brás Cubas*, denuncia: "Teme a obscuridade, Brás; foge do que é ínfimo. Olha que os homens valem por diferentes modos, e que o mais seguro de todos é valer pela opinião dos outros homens. Não estragues as vantagens da tua posição, os teus meios..." e também relativiza, compreendendo:

> "Multidão, cujo amor cobicei até a morte, era assim que eu me vingava às vezes de ti. (...) Vulgar cousa é ir considerar

no ermo. O voluptuoso, o esquisito, é insular-se o homem no meio de um mar de gestos e palavras, de nervos e paixões, decretar-se alheado, inacessível, ausente. O mais que podem dizer, quando ele torna a si, – isto é, quando torna aos outros – é que baixa do mundo da lua; mas o mundo da lua, esse desvão luminoso e recatado do cérebro, que outra cousa é senão a afirmação desdenhosa da nossa liberdade espiritual?"

E, em "O segredo do Bonzo", ironiza: "(...) se uma cousa pode existir na opinião, sem existir na realidade, e existir na realidade, sem existir na opinião, a conclusão é que das duas existências paralelas a única necessária é a da opinião, não da realidade, que é apenas conveniente".

A ironia, figura de linguagem predominante nos textos de Machado, é fundamental nesse jogo de ser e parecer, uma vez que ela mesma é um recurso linguístico que contribui para que aquilo que se enuncia seja uma falsificação – já que desdiz o dito, afirma o contrário do que se afirma. A ironia serviu a Machado para revelar o ser que se esconde atrás do véu do parecer, para revelar os interstícios da alma humana.

O próprio Machado, funcionário público cordato, homem de poucas palavras e de muitos afetos, homem bem relacionado e pouco afeito a contenda, parecia mais dócil do que era, como era também a sua linguagem. Seus textos, elegantes e sóbrios, escondiam ou ruminavam ações cruéis e duras. Machado dizia coisas terríveis de forma elegante e suave. Escondia, no gesto cordato diário, a aspereza das ideias de seus textos. "Ninguém sabe o que sou quando rumino", afirmava o mestre em crônica de 21 de novembro de 1889, ou como afirmou o crítico Augusto Meyer:

> "Por mais que ponha graça e perfídia nas palavras, o autor (Machado de Assis) não esconde o ceticismo que está na base de seu pensamento. Com as diversas máscaras superpostas desse voluptuoso da acrobacia humorística, podemos compor uma cara sombria – a cara de um homem perdido em si mesmo, engaiolado em seu niilismo e que não sabe rir".

No conto "O espelho", que apresenta como subtítulo "Esboço de uma nova teoria da alma humana", um homem, pouco afeito aos debates, instruído e cáustico, de ar soturno e casmurro conta o que se passou na vida dele. A história que narraria ilustraria a tese de que

> "não há uma só alma, há duas... Nada menos de duas almas. Cada criatura humana traz duas almas consigo: uma que olha de dentro para fora, outra que olha de fora para dentro... A alma exterior pode ser um espírito, um fluido, um homem, muitos homens, um objeto, uma operação... Está

claro que o ofício dessa segunda alma é transmitir a vida, como a primeira: as duas completam o homem, que é, metafisicamente falando, uma laranja. Quem perde uma das metades, perde naturalmente metade da existência; e casos há, não raros, em que a perda da alma exterior implica a da existência inteira".

À época do fato narrado, Jacobina tem 25 anos, é pobre e recebeu o título e o cargo de alferes da guarda nacional, patente próxima à de um tenente hoje. Passou ele a ser "o senhor Alferes". Todos o tratavam como sr. Alferes, o que passou a formar sua nova aparência e identidade: "O alferes eliminou o homem (...), a consciência do homem se obliterava, a do alferes tornava-se viva e intensa". Sem me adiantar muito no enredo ou dar *spoiler*, explico o que se sucedeu na narrativa: Jacobina visitou a tia na fazenda dela, lugar ermo. Ela ficou pouco tempo com ele, teve de sair às pressas e viajar para acudir uma filha doente, à beira da morte.

Jacobina fica sozinho na fazenda com alguns escravos, que ainda o elogiam, até fugirem às escondidas enquanto adormecia Jacobina em berço esplêndido envaidecido. Abandonado à própria companhia, longe da opinião alheia que alimentava sua identidade, Jacobina sucumbe ao vazio de não ser mais o "senhor alferes" e de não ouvir elogios à condição adquirida:

"Na manhã seguinte senti-me só. Achei-me só, sem mais ninguém, entre quatro paredes, (...) e à tarde comecei a sentir uma sensação como de pessoa que houvesse perdido toda a ação nervosa, e não tivesse consciência da ação muscular. (...) Feria-me a alma interior, como um piparote contínuo de eternidade... Não eram golpes de pêndulo, era um diálogo do abismo, um cochicho do nada... Era como um defunto andando, um sonâmbulo, um boneco mecânico".

Sem a alma exterior, sem a opinião alheia, a tal da solda doméstica e moral, Jacobina perde o status social e com ele a própria significância e identidade. Passa a ser um vazio externo preenchido pelo vazio interno. Era a aprovação alheia que, preenchendo o externo, dava vida ao interno.

O filósofo alemão Schopenhauer, em *Aforismos para a sabedoria da vida*, sugere que o homem só é feliz quando consegue na solidão se afastar da necessidade da opinião alheia:

"O homem feliz é aquele a quem a própria riqueza interior é suficiente e que necessita de pouco ou nada do exterior para seu entretenimento, visto que semelhante importação custa muito caro, torna dependente. (...) Pois, dos outros, do exterior em geral, não se pode, em nenhum caso, esperar muito. O que alguém pode ser para outrem tem limite bastante estreito no final, cada um permanece só, e então se trata de saber quem está só".

E depois completa que grande parte das pessoas podem se tornar vítimas da opinião alheia ou da alma exterior:

"O homem normal, ao contrário, em relação aos deleites de sua vida, restringe-se às coisas exteriores, à posse, à posição social, à esposa e aos filhos, aos amigos, à sociedade etc. Sobre estes se baseia a sua felicidade de vida, que desmorona quando os perde ou por eles se vê iludido".

No já mencionado conto "O Espelho", Machado provoca e sugere que os seres humanos flanam na vida, trocam de alma exterior numa busca frenética e incessante de satisfazer o eu social: "A alma exterior daquele judeu eram os seus ducados; perdê-los equivalia a morrer. 'Nunca mais verei o meu ouro', diz ele a Tubal; 'é um punhal que me enterras no coração'.".

Vejam bem esta frase:

"(...) a perda dos ducados, alma exterior, era a morte para ele. Agora, é preciso saber que a alma exterior não é sempre a mesma. (...) Há cavalheiros, por exemplo, cuja alma exterior, nos primeiros anos, foi um chocalho ou um cavalinho de pau, e mais tarde uma provedoria de irmandade, suponhamos. Pela minha parte, conheço uma senhora, – na verdade, gentilíssima, – que muda de alma exterior cinco, seis vezes por ano. Durante a estação lírica é a ópera; cessando a estação, a alma exterior substitui-se por outra: um concerto, um baile do Cassino, a rua do Ouvidor, Petrópolis... (...) Essa senhora é parenta do diabo, e tem o mesmo nome; chama-se Legião... E assim outros mais casos. Eu mesmo tenho experimentado dessas trocas. Não as relato, porque iria longe".

Não parece ingênua a frase "não ligo para o que falam de mim"? Certa vez, uma colega de trabalho disse-me isso. Afirmava que não dava a mínima para a opinião alheia. Adorava postar seu dia, suas viagens, suas conquistas no *Facebook* e respondia incansavelmente aos comentários e *likes* postados em sua página na rede social. Certa feita, depois que ela pronunciou a costumeira frase "não me importo com a opinião alheia", eu disse a ela que a considerava inteligente, audaciosa e descolada. Ela me disse toda feliz e faceira: "Você acha mesmo? Poxa, muito obrigado, bom ouvir isso!"

Não é comum, caro leitor, que se pergunte a um jovem o que ele vai SER? E a resposta que satisfaz a todos não é uma profissão, um papel na sociedade, uma função respeitável no mundo, um PARECER? Raramente a resposta é de cunho metafísico, psicológico ou moral. Responde-se que tipo de alferes o jovem será, que tipo de visibilidade social ou opinião alheia obterá na vida com o cargo que exercerá e com a opinião que angariará dos outros.

O leitor deve conhecer o conceito de "invisibilidade social" para caracterizar pessoas que passam à margem da sociedade sem serem percebidas ou notadas, pessoas que não são cumprimentadas nem sequer notadas, que passam ao largo da atenção social. São faxineiros, garis, frentistas, pedreiros e toda ordem de serviçais que prestam serviços à comunidade e à classe média ou à abastada, mas não ostentam em sua roupa, uniforme ou condição social – uma alma exterior que lhes possa fazer representação "elogiável" na sociedade de consumo. Não que esses profissionais não tenham as tais almas exterior e interior; mas como elas, segundo Machado, dependem da opinião alheia, as desprezam, como se elas não existissem, ou pior, como se fossem uniformes ocos de gente e de alma. E, muitas vezes, essas pessoas invisíveis são desprezadas pela gente considerada elegante e pelos "doutores" sem doutorados. Pessoas ricas ou influentes, ou de classe média, que recebem o título de doutor, como uma distinção social, como uma capa de visibilidade, como se fossem senhores alferes existenciais, costumam desprezar o outro – como se a aparência do outro revelasse a ausência de um ser.

A literatura machadiana nos permite relativizar essas relações, essa forma de valorizar e valorar a aparência e dar a elas dignidade e indignidade, atenção ou desprezo.

Em *Memórias póstumas de Brás Cubas*, Machado tece um retrato duro da personagem Dona Plácida, antiga empregada na família de Virgília, que, depois de envelhecida, perde sua função na casa e na sociedade – segundo Brás, a sua utilidade relativa.

Dona Plácida, perto da mendicância e miséria, aceita um trabalho que lhe fere a honra e o brio (como veremos mais atentamente em outro capítulo). Aceita fingir-se dona de uma casa para acobertar os encontros adúlteros de Brás Cubas e de Virgília. Aceita um papel que lhe dá uma falsa aparência, aceita falsear o mundo e o próprio ser, em troca de casa, comida e algum dinheiro. Ela é, provavelmente, exemplo de quem falseia o mundo e a si própria por necessidade e por escasso poder de escolha. Ainda que o Bruxo, em seu relativismo nada moralizante, pincele que Dona Plácida acaba se ajustando a essa condição e dela se serve e nela se defenda. Machado sugere que as crenças virtuosas das pessoas podem ser atropeladas ou redirecionadas, de acordo com as conveniências, ou necessidade, ou limite de escolha, ou conforto. "Súbito deu-me a consciência um repelão, acusou-me de ter feito capitular a probidade de Dona Plácida, obrigando-a a um papel torpe, depois de uma longa vida de trabalho e privações. Medianeira não era melhor que concubina, e eu tinha-a baixado a esse ofício, à custa de obséquios e dinheiros. Foi o que me disse a consciência. (...) Concordei que assim era, mas aleguei que a velhice de Dona Plácida estava agora ao abrigo da mendicidade: era uma compensação. Se não fossem os meus amores, provavelmente Dona Plácida acabaria como tantas outras criaturas humanas; donde se poderia deduzir que o vício é muitas vezes o estrume da virtude. O que não impede que a virtude seja uma flor cheirosa e sã."

Machado foi o mestre que explorou as relações oblíquas, a dissimulação, a hipocrisia e, sobretudo, a ambiguidade do ser e parecer, que impõe a uns a necessidade de falsear a si próprios e o mundo; e, a outros, oferece a prerrogativa de falsear o mundo, a si e aos outros. "Não fale de humilhação, onde não houve público." ("A desejada das gentes").

A provocação que nos fica da leitura de suas obras é que, no jogo de aparência e de essência, de ser e parecer, muitas vezes, a flor cheirosa da virtude é adubada com o estrume do vício: "Dessa terra e desse estrume é que nasceu esta flor." E é, também, que embaixo da máscara social não há uma cara, há outra máscara e outra máscara alimentadas constantemente pelo estrume do vício e das vicissitudes humanas. Desde que escondidas, dão prazer ao ser social mascarado.

AMOR

"

Grande foi a sensação do beijo; Capitu ergueu-se, rápida, eu recuei até à parede com uma espécie de vertigem, sem fala, os olhos escuros. Quando eles me clarearam, vi que Capitu tinha os seus no chão. Não me atrevi a dizer nada; ainda que quisesse, faltava-me língua. Preso, atordoado, não achava gesto nem ímpeto que me descolasse da parede e me atirasse a ela com mil palavras cálidas e mimosas... Não mofes dos meus quinze anos, leitor precoce.

"

Dom Casmurro

"Amar é eleger a criatura que há de ser companheira na vida, não é afiançar a perpétua felicidade de duas pessoas, porque essa pode esvair-se ou corromper-se."

Helena

"Casamento não é poesia. Fogos ardentes são coisas que ficam bem em versos e mesmo em prosa; mas na vida, que não é prosa nem verso, o casamento exige apenas certa conformidade de gênio, de educação e de estima."

"A mulher de preto"

"Se eu a visse gostar de outro, e não pudesse impedir o casamento, mudava de terra. O que me vale é a convicção que tenho de que ela não há de gostar nunca de outro."

"A parasita azul"

MACHADO, NA VELHICE, DEFINIA A SI COMO UM CARAMUJO, recluso em casa com suas coisas e afazeres. Mas o jovem Machadinho era impetuoso. Em 1867, aos 28 anos, já era um escritor reconhecido, dado a eventos oficiais e festas. Naquele ano, foi agraciado com a honraria de Cavaleiro da Ordem da Rosa, concedida pelo Imperador Dom Pedro II e, no mesmo período, conhece a mulher com quem viria a se casar e viver junto por 35 anos. Carolina, conhecida por "solteirona", contava à época com 32 maduros anos. Entre a primeira troca de olhares e o casamento, houve algumas dificuldades. Dois irmãos de Carolina não criam que aquele jovem escritor mulato e de posses modestas estivesse à altura da irmã que, encantada com Machado, deu de ombros ao preconceito da família; e os amigos de Machado viam naquela mulher mais velha e misteriosa, de amores passados, uma boa companheira para o escritor.

Das correspondências que trocaram, duas foram escritas no mesmo dia, 2 de março de 1869, na ocasião em que Carolina estava em Petrópolis para cuidar do irmão, o jornalista e poeta – e amigo de Machado – Faustino Xavier de Novaes (1820-1869), que sofria de distúrbios mentais e morreria em agosto. As cartas revelam o encanto que Carolina exercia no jovem Machado: "(...) tu não te pareces nada com as mulheres vulgares que tenho conhecido. Espírito e coração como os teus são prendas raras; alma tão boa e tão elevada, sensibilidade tão melindrosa, razão tão reta não são bens que a natureza espalhasse às mãos cheias pelo teu sexo. Tu pertences ao pequeno número de mulheres que ainda sabem amar, sentir e pensar. Como te não amaria eu? Além disso tens para mim um dote que a realça mais: sofreste (...). Depois... depois, querida, ganharemos o mundo, porque só é verdadeiramente senhor do mundo quem está acima de suas glórias fofas e das suas ambições estéreis. Estamos ambos neste caso; amamo-nos; e eu vivo e morro por ti. Escreve-me e crê no coração do teu MACHADINHO".

"Machadinho", ansioso por reencontrar a amada, derramou-se em declarações e elogios a ela, com um certo machismo característico da época. Em outra escreve: "(...) Dizes que, quando lês algum livro, ouves unicamente as minhas palavras, e que eu te apareço em tudo e em toda parte? É então certo que ocupo o teu pensamento e a tua vida? Já mo fizeste tanta vez, e eu sempre a perguntar-te a mesma cousa, tamanha me aparece esta felicidade. Pois olha: eu queria que lesses um livro que acabei de ler há dias: intitula-se *A Família*. Hei de comprar um exemplar para lermos em nossa casa como uma espécie de Bíblia Sagrada. É um livro sério, elevado e profundo; a simples leitura dá vontade de casar".

Carolina morre 34 anos depois, em 20 de outubro de 1904. Companheira de uma vida e grande amor de Machado, que se tornou, nos quatros anos que sobreviveu à morte da esposa, um homem inconsolável e taciturno, que visitava o túmulo da amada todos os domingos com uma braçada de flores e os olhos malferidos. Solitário, dedicou à esposa morta um dos mais pungentes poemas da língua portuguesa – uma declaração de amor e uma compreensão da importância da companheira de uma vida: "Querida, ao pé do leito derradeiro/ Em que descansas dessa longa vida/ Aqui venho e virei, pobre querida/ Trazer-te o coração do companheiro/ Pulsa-lhe aquele afeto verdadeiro/ Que, a despeito de toda humana lida/ Fez a nossa existência apetecida/ E num recanto pôs um mundo inteiro/ Trago-te flores, – restos arrancados/ Da terra que nos viu passar unidos/ E ora mortos nos deixa separados/ Que eu, se tenho nos olhos mal feridos/ Pensamentos de vida formulados/ São pensamentos idos e vividos".

No entanto, na prosa machadiana nem tudo são flores quando o amor entra em cena: "Tenho eu culpa que o Criador rodeasse de espinhos as rosas, e que elas surjam assim do seio da terra, formosas, mas pungentes?" O Bruxo do Cosme Velho foi, em seus textos, um severo crítico do amor romântico:

> "...Ocorre-me uma reflexão imoral, que é ao mesmo tempo uma correção de estilo. Cuido haver dito, no capítulo XIV, que Marcela morria de amores pelo Xavier. Não morria, vivia. Viver não é a mesma coisa que morrer; assim o afirmam todos os joalheiros deste mundo, gente muito vista na gramática. Bons joalheiros, que seria do amor se não

fossem os vossos dixes e fiados? Um terço ou um quinto do universal comércio dos corações. Esta é a reflexão imoral que eu pretendia fazer, a qual é ainda mais obscura do que imoral, porque não se entende bem o que eu quero dizer. O que eu quero dizer é que a mais bela testa do mundo não fica menos bela, se a cingir um diadema de pedras finas; nem menos bela, nem menos amada. Marcela, por exemplo, que era bem bonita, Marcela amou-me... Marcela amou-me durante quinze meses e onze contos de réis; nada menos".

"Machadinho", que se derramou em amores por Carolina, põe na boca de Brás Cubas um discurso irônico e duro sobre o mesmo sentimento quase sempre mediado pelo dinheiro, pela pulsão erótica e pela nomeada de glória. Marcela, uma prostituta de luxo com quem Brás iniciou sua vida sexual e aprendeu os truques da sedução e a relação monetária que intermedeia as relações amorosas.

"Gastei trinta dias para ir do Rocio Grande ao coração de Marcela, não já cavalgando o corcel do cego desejo, mas o asno da paciência, a um tempo manhoso e teimoso. (...) Marcela teve primeiro um silêncio indignado; depois fez um gesto magnífico: tentou atirar o colar à rua. Eu retive-lhe o braço; pedi-lhe muito que não me fizesse tal desfeita, que ficasse com a joia. Sorriu e ficou.

"Entretanto, pagava-me à farta os sacrifícios; espreitava os meus mais recônditos pensamentos; não havia desejo a que não acudisse com alma, sem esforço, por uma espécie de lei da consciência e necessidade do coração. Nunca o desejo era razoável, mas um capricho puro, uma criancice, vê-la trajar de certo modo, com tais e tais enfeites, este vestido e não aquele, ir a passeio ou outra coisa assim, e ela cedia a tudo, risonha e palreira.

"– Você é das Arábias, dizia-me.

"E ia a pôr o vestido, a renda, os brincos, com uma obediência de encantar."

Como visto, o amor de Marcela durou o tempo do dinheiro. Logo o pai de Brás acabou com a farra e com o breve amor de Brás, que rapidamente se refez da perda.

Machado atrela nessa história a relação imediata entre amor e poder. Marcela sabia manipular – com seu poder de sedução e com o conhecimento dos segredos do amor e do sexo – os amantes, Xavier e Brás Cubas. E este sentia-se excitado com Marcela e com a possibilidade de passar a perna no amante rival. O poder, às vezes, é tão erótico quanto um belo corpo. Machado explora com maestria os meandros que misturam o amor, o dinheiro e o poder.

Mesmo com Virgília, do mesmo romance, grande amor de Brás Cubas, Machado não deixou por menos a ironia e crítica ácida à idealização amorosa e às mesmas relações de poder, de amor, de nomeada de glória e de erotismo:

"(...) trago comigo uma ideia, um projeto, ou... sim, digo--te tudo; trago dois projetos, um lugar de deputado e um casamento.

"Meu pai disse isto com pausa, e não no mesmo tom, mas dando às palavras um jeito e disposição, cujo fim era cavá-las mais profundamente no meu espírito. A proposta, porém, desdizia tanto das minhas sensações últimas, que eu cheguei a não entendê-la bem. Meu pai não fraqueou e repetiu-a; encareceu o lugar e a noiva. (...) Riu-se meu pai, e depois de rir, tornou a falar sério. Era-me necessária a carreira política, dizia ele, por vinte e tantas razões, que deduziu com singular volubilidade, ilustrando-as com exemplos de pessoas do nosso conhecimento. Quanto à noiva, bastava que eu a visse; se a visse, iria logo pedi-la ao pai, logo, sem demora de um dia...

" – Virgília?, interrompi eu.

"– Sim, senhor; é o nome da noiva. Um anjo, meu pateta, um anjo sem asas. Imagina uma moça assim, desta altura, viva como um azougue, e uns olhos... filha do Dutra...

"(...) – Contanto que não fique obrigado aceitar as duas; creio que posso ser separadamente homem casado ou homem público...

"– Todo o homem público deve ser casado, interrompeu sentenciosamente meu pai. Mas seja como queres; estou

por tudo; fico certo de que a vista fará fé! Demais, a noiva
e o parlamento são a mesma cousa... isto é, não... saberás
depois..."

Virgília passa, de futura noiva e esposa de Brás Cubas, à condição de amante, uma vez que se casa com Lobo Neves, homem com ambição e habilidade políticas maiores do que
as de Brás na visão do pai da moça, o Conselheiro Dutra.
O casal de amantes viveu tórrida relação adúltera às escondidas, até que uma carta anônima e o risco de tornar
pública a relação ilícita (ainda que o marido, Lobo Neves,
parecesse saber e não se incomodar, desde que as aparências ficassem preservadas) põe fim ao furtivo amor do casal.
Tempos depois, Brás soube que Lobo Neves faleceu e foi ao
enterro do "amigo". Lá encontra Virgília triste e chorando.

"(...) Acendi um charuto; afastei-me do cemitério. Não podia
sacudir dos olhos a cerimônia do enterro, nem dos ouvidos
os soluços de Virgília. Os soluços, principalmente, tinham
o som vago e misterioso de um problema. Virgília traíra
o marido, com sinceridade, e agora chorava-o com sinceridade. Eis uma combinação difícil que não pude fazer
em todo o trajeto; em casa, porém, apeando-me do carro,
suspeitei que a combinação era possível, e até fácil. Meiga
Natura! A taxa da dor é como a moeda de Vespasiano; não
cheira à origem, e tanto se colhe do mal como do bem."

Vespasiano, imperador romano, que, para restaurar as finanças do império, impôs tributos para uso de latrinas. Questionado por seu filho, ele explicou que "o dinheiro não tem cheiro". Assim, Brás explica que o lamento de Virgília, mesmo tendo origem incerta ou sem escrúpulos, era um choro que a representava bem. Virgília amava Brás e amava a posição social que Lobo Neves prometia oferecer a ela. Não teve dúvida a moça, ficou com os dois. Ambos representavam seus desejos; o erótico e a nomeada de glória.

"Dinheiro compra tudo. Até amor verdadeiro", afirmava ironicamente Nelson Rodrigues. A ironia de Nelson e de Machado sugere que as condições materiais confortáveis contribuem também para o conforto do espírito, do ânimo e da libido. O poder, segundo alguns pensadores, é também afrodisíaco e encantador. Costuma-se dizer por aí, no meio futebolístico, que a fama e a riqueza tornam belos os jogadores de futebol.

Se transferirmos o amor entre pessoas para o amor às coisas, às paisagens, às cidades, perceberemos que algum sentido de normalidade é possível que se dê à frase de Nelson e ao que dizem sobre os jogadores de futebol. Amamos as cidades belas e ricas, normalmente belas porque ricas. Pois é, raro leitor, os afetos passam também pelo valor material que as coisas e, também, as pessoas possuem.

É fato que na ironia das frases de Nelson: "Amor compra tudo. Até amor verdadeiro", e de Machado: "Marcela amou-me durante quinze meses e onze contos de réis; nada menos", e nos versos de Vinícius de Moraes: "Que não seja imortal posto que é chama/ Mas que seja infinito enquanto dure", podemos encontrar também a moeda de Vespasiano ou o choro e o amor sinceros de Virgília.

O polêmico filósofo Luiz Felipe Pondé provoca e ateia mais fogo à fogueira do tema: "As mulheres estarão emancipadas de vez quando elas também tiverem que pagar pelo amor e não apenas pelo sexo".

Mas voltemos à Carolina, às flores e às dores de Machado, pessoa física. Quando da morte de sua esposa, o escritor escreve a seu grande amigo Joaquim Nabuco, contando-lhe de sua tristeza e saudade:

> "Tão longe, em outro meio, chegou-lhe a notícia da minha grande desgraça, e você expressou logo a sua simpatia por um telegrama. A única palavra com que lhe agradeci é a mesma que ora lhe mando, não sabendo outra que possa dizer tudo o que sinto e me acabrunha. Foi-se a melhor parte da minha vida, e aqui estou só no mundo. Note que a solidão não me é enfadonha, antes me é grata, porque é um modo de viver com ela, ouvi-la, assistir aos mil cuidados que essa companheira de 35 anos de casados tinha comigo; mas não há imaginação que não acorde, e a vigília aumenta a falta da pessoa amada. Éramos velhos, e eu contava morrer antes dela, o que seria um grande favor; primeiro porque

não acharia a ninguém que melhor me ajudasse a morrer; segundo, porque ela deixa alguns parentes que a consolariam das saudades, e eu não tenho nenhum. Os meus são os amigos, e verdadeiramente são os melhores; mas a vida os dispersa, no espaço, nas preocupações do espírito e na própria carreira que a cada um cabe. Aqui me fico, por ora na mesma casa, no mesmo aposento, com os mesmos adornos seus. Tudo me lembra a minha meiga Carolina. Como estou à beira do eterno aposento, não gastarei muito tempo em recordá-la. Irei vê-la, ela me esperará".

Entre o homem e o escritor, há a prova viva da ambiguidade humana. O homem apaixonado era também um escritor cético com relação ao amor. Creio que Machado desconfiasse que, no amor imaturo ou interessado, há casais que costumam andar de mãos dadas como se possuíssem, um nas mãos do outro, desejo e a propriedade da pessoa; no amor maduro, o casal entrelaça as mãos como forma de cuidado e de amparo. São as relativizações do amor e da vida. Como sugeriu em "A mão e a luva": "Há criaturas que chegam aos cinquenta anos sem nunca passar dos quinze, tão símplices, tão cegas, tão verdes as compõe a natureza; para essas o crepúsculo é o prolongamento da aurora. Outras, não; amadurecem na sazão das flores; vêm ao mundo com a ruga da reflexão no espírito – embora, sem prejuízo do sentimento, que nelas vive e influi, mas não domina".

EDUCAÇÃO

"Raimundo e Curvelo, que me deram o primeiro conhecimento, um da corrupção, outro da delação."

"Conto de escola"

"Ao cabo, (José Dias) era amigo, não direi óptimo, mas nem tudo é óptimo neste mundo. E não lhe suponhas alma subalterna; as cortesias que fizesse vinham antes do cálculo que da índole. A roupa durava-lhe muito; ao contrário das pessoas que enxovalham depressa o vestido novo, ele trazia o velho escovado e liso, cerzido, abotoado, de uma elegância pobre e modesta. Era lido, posto que de atropelo, o bastante para divertir ao serão e à sobremesa, ou explicar algum fenômeno, falar dos efeitos do calor e do frio, dos polos e de Robespierre."

Dom Casmurro

"Unamos agora os pés e demos um salto por cima da escola, a enfadonha escola, onde aprendi a ler, escrever, contar, dar cacholetas, apanhá-las, e ir fazer diabruras, ora nos morros, ora nas praias, onde quer que fosse propício a ociosos."

Memórias póstumas de Brás Cubas

NO CAPÍTULO "O MENINO É O PAI DO HOMEM", DE *MEMÓRIAS póstumas de Brás Cubas*, o protagonista credita grande parte de seu caráter à educação que teve em casa – uma mãe pouco participativa na formação moral do filho e um pai benevolente. Pais inconsistentes, que geram uma criança inconsistente, que dará à luz um adulto inconsistente.

"Desde os cinco anos merecera eu a alcunha de 'menino diabo'; e verdadeiramente não era outra cousa; fui dos mais malignos do meu tempo, arguto, indiscreto, traquinas e voluntarioso. Por exemplo, um dia quebrei a cabeça de uma escrava, porque me negara uma colher do doce de coco que estava fazendo, e, não contente com o malefício, deitei um punhado de cinza ao tacho, e, não satisfeito da travessura, fui dizer à minha mãe que a escrava é que estragara o doce 'por pirraça'; e eu tinha apenas seis anos. Prudêncio, um moleque de casa, era o meu cavalo de todos os dias; punha as mãos no chão, recebia um cordel nos queixos, à guisa de freio, eu trepava-lhe ao dorso, com uma varinha na mão, fustigava-o, dava mil voltas a um e outro lado, e ele obedecia, – algumas vezes gemendo, – mas obedecia sem dizer palavra, ou, quando muito, um – 'ai, nhonhô!' – ao que eu retorquia: – 'Cala a boca, besta!' – Esconder os chapéus das visitas, deitar rabos de papel a pessoas graves, puxar pelo rabicho das cabeleiras, dar beliscões nos braços das matronas, e outras muitas façanhas deste jaez, eram mostras de um gênio indócil, mas devo crer que eram também expressões de um espírito robusto, porque meu pai tinha-me em grande admiração; e se às vezes me repreendia, à vista de gente, fazia-o por simples formalidade: em particular dava-me beijos.

"Não se conclua daqui que eu levasse todo o resto da minha vida a quebrar a cabeça dos outros nem a esconder-lhes os chapéus; mas opiniático, egoísta e algo contemptor dos homens, isso fui; se não passei o tempo a esconder-lhes os chapéus, alguma vez lhes puxei pelo rabicho das cabeleiras.

"De manhã, antes do mingau, e de noite, antes da cama, pedia a Deus que me perdoasse, assim como eu perdoava aos meus devedores; mas entre a manhã e a noite fazia uma grande maldade, e meu pai, passado o alvoroço, dava-me pancadinhas na cara, e exclamava a rir: Ah! brejeiro! ah! brejeiro!"

Havia na família de Brás quem reprovasse a educação inadequada e de moral frouxa dada ao menino, no entanto, as recomendações do tio ao pai não surtiam efeito. "Meu tio cônego fazia às vezes alguns reparos ao irmão; dizia-lhe que ele me dava mais liberdade do que ensino e mais afeição do que emenda; mas meu pai respondia que aplicava na minha educação um sistema inteiramente superior ao sistema usado; e por este modo, sem confundir o irmão, iludia-se a si próprio".

Machado relativizava com sabedoria a educação cheia de amor, de carinho e de poucas regras. Percebia claramente que essa formação moral, responsabilidade da família, destina o filho ao fracasso social e moral, porque sendo frouxa, inconsistente e, principalmente, perigosa, transformava o filho em um imperadorzinho irresponsável e imune às frustrações da vida, como se isso fosse possível. O Bruxo sabia que os jovens são bons observadores e intérpretes dos adultos que os cercam. Percebem com tranquilidade a incongruência do que está sendo professado com o que se pratica na vida cotidiana. Não há na educação dada em casa aconselhamentos para adoção de comportamento que produza algum valor moral razoável. Reforçava-se sempre o mimo e a sede de nomeada de glória. Educou-se um mimado e um príncipe, nunca um jovem responsável.

A um colega, o Quincas Borba, Brás faz o seguinte retrato, que poderia cair bem a si próprio e ao modelo de educação que teve:

> "Uma flor, o Quincas Borba. Nunca em minha infância, nunca em toda a minha vida, achei um menino mais gracioso, inventivo e travesso. Era a flor, e não já da escola, senão de toda a cidade. A mãe, viúva, com alguma cousa de seu, adorava o filho e trazia-o amimado, asseado, enfeitado, com um vistoso pajem atrás, um pajem que nos deixava gazear a escola, ir caçar ninhos de pássaros, ou perseguir la-

gartixas nos morros do Livramento e da Conceição, ou simplesmente arruar, à toa, como dois peraltas sem emprego. E de imperador! Era um gosto ver o Quincas Borba fazer de imperador nas festas do Espírito Santo. De resto, nos nossos jogos pueris, ele escolhia sempre um papel de rei, ministro, general, uma supremacia, qualquer que fosse".

O mesmo Quincas, encontrado anos depois na mendicância, gastou a herança ganha com a morte da mãe, mas é salvo anos depois com mais uma herança de um parente morto.

Ambos, Brás e Quincas, educados para ser imperadores e para satisfazerem os planos audaciosos dos pais. A narrativa mostra que fracassaram pais e filhos.

Brás recebia do pai, nas palavras reprovativas do tio cônego, "mais afeição do que emenda", o que se comprova em: "... e se às vezes me repreendia, à vista de gente, fazia-o por simples formalidade: em particular dava-me beijos". Mesmo quando o perdulário filho gastou os tubos para satisfazer os desejos da amante Marcela – chega a empenhar o nome do pai na joalheria, a reprimenda dada foi um prêmio.

"Meu pai, logo que teve aragem dos onze contos, sobressaltou-se deveras; achou que o caso excedia as raias de um capricho juvenil.

"– Desta vez, disse ele, vais para a Europa; vais cursar uma universidade, provavelmente Coimbra; quero-te para homem sério e não para arruador e gatuno. E como eu fizesse um gesto de espanto: – Gatuno, sim, senhor; não é outra cousa um filho que me faz isto...

"Sacou da algibeira os meus títulos de dívida, já resgatados por ele, e sacudiu-os na cara. – Vês, peralta? é assim que um moço deve zelar o nome dos seus? Pensas que eu e meus avós ganhamos o dinheiro em casas de jogo ou a vadiar pelas ruas? Pelintra! Desta vez ou tomas juízo, ou ficas sem cousa nenhuma."

O que parecia uma severa bronca e uma tomada de rédea da educação moral do filho, foi outra vez "mais afeição do que emenda, mais liberdade do que ensino" ou foi, tão somente, reprimenda no atacado e carinho no varejo: "vais para a Europa; vais cursar uma universidade, provavelmente Coimbra". Deu-lhe como "castigo" uma viagem a Portugal.

Evidentemente era um estudo que se disfarçava em viagem ou uma viagem que se fazia estudo. Machado ironiza o fato de que o pai de Brás tenha transformado o estudo em um castigo. Ora, como valorizar aquilo que lhe é um castigo, pensaria Machado? Ainda mais em uma classe social que não precisava do estudo ou do trabalho para que os privilégios da vida fossem mantidos. Talvez, a literatura machadiana esteja propondo que os adultos vivam exigindo respeito – um sentimento abstrato sem valia moral ou efetiva, que tenta compensar a perda de autoridade moral que foi produzida por sua própria hipocrisia.

"Um grande futuro! Enquanto esta palavra me batia no ouvido, devolvia eu os olhos, ao longe, no horizonte misterioso e vago. (...) E foi assim que desembarquei em Lisboa e segui para Coimbra. A Universidade esperava-me com as suas matérias árduas; estudei-as muito mediocremente, e nem por isso perdi o grau de bacharel; deram-mo com a solenidade do estilo. (...) Tinha eu conquistado em Coimbra uma grande nomeada de folião; era um acadêmico estroina, superficial, tumultuário e petulante. (...) No dia em que a Universidade me atestou, em pergaminho, uma ciência que eu estava longe de trazer arraigada no cérebro, confesso que me achei de algum modo logrado, ainda que orgulhoso. (...) mas sentindo já uns ímpetos, uma curiosidade, um desejo de acotovelar os outros, de influir, de gozar, de viver, – de prolongar a Universidade pela vida adiante..."

Brás foi buscar na universidade a diversão e a vida perdulária que sempre buscou sem consequências graves – talvez, se muito, receberia do pai um puxão de orelha e um beijo em seguida.

O menino que desde os cinco anos merecera a alcunha de "menino diabo" e que fora um dos mais malignos de seu tempo, arguto, indiscreto, traquinas e voluntarioso, tornou-se um folião – um acadêmico estroina, superficial, tumultuário e petulante. E, mesmo a universidade, preparada para receber a elite brasileira, chancelou a educação que o garoto mimado recebia em casa. Ela também fez vistas grossas ao comportamento irresponsável de Brás e, como uma "mãe frágil", só lhe fez decorar as leis e ornamentos sem que isso produzisse algum sentido acadêmico ou moral. "No dia em que a Universidade me atestou, em pergaminho, uma ciência que eu estava longe de trazer arraigada no cérebro, confesso que me achei de algum modo logrado, ainda que orgulhoso." E, assim, lá foi o menino, que é pai do homem, prolongar a universidade vida adiante.

Machado propunha que "o castigo" (estudar) não veio acompanhado de um valor moral consistente, soou apenas como um aviso de que estudo é ornamento e pompa. Brás obedeceu ao castigo e à exigência paterna, mas, em contrapartida, compreendeu também o cinismo do pai. Sabia que não precisava do estudo para dar-se bem na vida. O bem já estava posto na proposta de "um casamento e um lugar de deputado", ou na sua condição de futuro herdeiro.

Mas a educação inconsistente de Brás não parou entre a infância e o fim da universidade. Ao jovem perdulário, que foi "castigado" com uma viagem à Europa, onde conheceu mulheres e se divertiu à beça, o pai ofereceu, como recompensa, um futuro promissor: "Tu; és um homem notável, fazes hoje as vezes de Imperador. Demais trago comigo uma ideia, um projeto, ou... sim, digo-te tudo; trago dois projetos, um lugar de deputado e um casamento". Mais uma vez o pai de Brás sacou do bolso a educação frouxa e cínica, ou nas palavras do tio cônego, "mais liberdade do que ensino, mais afeição do que emenda".

No entanto, o Conselheiro Dutra, pai de Virgília, pretere Brás e escolhe Lobo Neves para ser o futuro marido e o consequente deputado, pois via nele mais ambição e aptidão para vida política e pública do que via em Brás. Como resultado do fracasso do sonho de ver o filho casado e homem público, o pai de Brás morre de desgosto, vendo seu pimpolho não cumprir a promessa de futuro brilhante que se esperava dele.

Morre, dizendo: "Um Cubas!", ou seja, em seu delírio, morre inconformado com o fato de que um Cubas tenha sido preterido por um Neves. Vale lembrar que o pai de Brás deu uma versão falsa à origem do sobrenome da família.

"O fundador de minha família foi um certo Damião Cubas, que floresceu na primeira metade do século XVIII. Era tanoeiro de ofício, natural do Rio de Janeiro. (...) Como este apelido de Cubas lhe cheirasse excessivamente a tanoaria, alegava meu pai, bisneto do Damião, que o dito apelido fora dado a um cavaleiro, herói nas jornadas da África, em prêmio da façanha que praticou, arrebatando trezentas cubas aos mouros. (...) Meu pai ficou atônito com o desenlace, e quer-me parecer que não morreu de outra cousa. Eram tantos os castelos que engenhara, tantos e tantíssimos os sonhos, que não podia vê-los assim esboroados, sem padecer um forte abalo no organismo. A princípio não quis crê-lo. Um Cubas! um galho da árvore ilustre dos Cubas! E dizia isto com tal convicção, que eu, já então informado da nossa tanoaria, esqueci um instante a volúvel dama, para só contemplar aquele fenômeno, não raro, mas curioso: uma imaginação graduada em consciência."

E, assim, o Bruxo do Cosme Velho destila sua ácida visão sobre o papel da educação inconsistente e cínica recebida no lar. Mostra que é na infância e na adolescência que se pode forjar o caráter de um indivíduo e que esse caráter é forjado muito mais na casa do que na escola, que seria, sobremaneira, o espaço da instrução e da manutenção dos valores universais, que devem estar em sintonia com os da família.

Machado acreditava que a educação que oferece mimos incondicionais e que tenha como princípio a adulação em vez da imolação, a liberdade em vez de regra e de valores morais, afeição em vez de correção, estava destinada ao fracasso. Não tinha dúvida de que um jovem, mesmo sem saber, espera de um pai autoridade e discernimento, espera que alguém lhe diga qual é o limite entre o certo e o errado e quais as consequências se esses limites forem desrespeitados.

Enfim, sabia Machado que a ausência da autoridade paterna ou materna traria como resultado a indolência e a irresponsabilidade. Ainda mais se o pai mentisse escandalosamente na frente do filho e acreditasse na mentira construída. "... dizia isto com tal convicção, que eu, já então informado da nossa tanoaria, esqueci um instante a volúvel dama, para só contemplar aquele fenômeno, não raro, mas curioso: uma imaginação graduada em consciência."

Imagine, raro leitor, se um pai ou mãe, com filho dentro do carro, que ultrapassa o semáforo vermelho, ou fala ao celular enquanto dirige, ou estaciona em lugar proibido, ou para em fila dupla, não está, neste momento, educando mal o filho? E se os pais dizem que vão confiscar o celular e o computador caso o filho não obtenha boa nota, eles não estão ensinando o filho a valorizar o bem perdido e não o conteúdo e as habilidades não obtidas? Será que o filho não vai estudar para reaver o bem maior? E se a mãe abraça o filho depois de uma bronca paterna ou o pai abraça o filho depois de uma bronca materna, eles não estão ensinando o filho a manipular os afetos?

Os filhos aprendem em casa com os valores que veem e presenciam em sua vida diária? Se percebem frouxidão moral ou inconsistência de autoridade, herdarão exatamente o que presenciam?

E se os filhos ouvem que os pais não querem frustrá-los em hipótese alguma e querem que eles sejam felizes para sempre? Verão nessas afirmações paterna e materna consistência de autoridade e compreensão da vida e do mundo? Verão pais sintonizados com o mundo real? E se ouvirem que são os melhores amigos dos filhos, estão dando a eles o que precisam? Estão formando filhos ou imperadores? E quando se opõem à escola para não perderem o amor do filho, estão contribuindo para as consequências da vida? A leitura de Machado leva o leitor a refletir sobre essas questões e a relativizar a relação pai e filho.

A escola também não passou impune sob a pena do mestre: "Demos um salto por cima da escola, a enfadonha escola, onde aprendi a ler, escrever, contar, dar cacholetas, apanhá-las, e ir fazer diabruras, ora nos morros, ora nas praias, onde quer que fosse propício a ociosos". Ou como aponta em "Conto de escola": "Raimundo e Curvelo, que me deram o primeiro conhecimento, um da corrupção, outro da delação".

Uma escola que ensina fórmulas, a memorizar nomes de países, dados da natureza, regras gramaticais, fatos históricos, contribui mesmo com a educação de um jovem? Uma escola que não problematiza questões do mundo e da vida é realmente boa e adequada? Um aluno que obtenha uma nota excelente em uma redação sobre valores éticos, mas é preconceituoso, fura filas e cola nas provas, pode-se dizer que aprendeu mesmo algo na escola?

Se os pais, associados à escola, impõem como castigo a uma criança o estudo, a leitura de um livro ou algo com valor cultural e pedagógico, não haverá dúvida de que ela entenderá que aprender ou apropriar-se de um bem cultural é uma chatice, um incômodo ou uma punição. Frases do tipo "Leia, será bom para você um dia" vêm carregadas do subtexto "agora é ruim, eu também concordo".

Machado também coloca em xeque o papel da escola na manutenção e nos questionamentos dos valores morais e sociais.

No consórcio família e escola, Machado via o fracasso da formação de uma criança e de uma elite transformadora, porque via nos dois processos formações repletas de vicissitudes e de formação de verniz oco, sem nenhum valor moral ou transformador razoável: "Minha mãe doutrinava-me a seu modo, fazia-me decorar alguns preceitos e orações; mas eu sentia que, mais do que as orações, me governavam os nervos e o sangue, e a boa regra perdia o espírito, que a faz viver, para se tomar uma vã fórmula". "Não digo que a Universidade me não tivesse ensinado alguma; mas eu decorei-lhe só as fórmulas, o vocabulário, o esqueleto. Tratei-a como tratei o latim; embolsei três versos de Virgílio, dois de Horácio, uma dúzia de locuções morais e políticas, para as despesas da conversação. Tratei-os como tratei a história e a jurisprudência. Colhi de todas as coisas a fraseologia, a casca, a ornamentação..." E, com isso, via o fracasso monumental da educação nas duas principais instâncias de formação de um indivíduo: em casa e na escola. E com uma lustrando o verniz da outra.

Como diz Brás Cubas: "desse estrume nasceu essa flor".

O conto "Teoria do Medalhão" reflete essa visão pejorativa de Machado ao conhecimento oco, vazio de crítica de si mesmo e do mundo. Machado via nos figurões de nossa sociedade indivíduos incapazes de articular um pensamento que seja deles, mas obedientes e de raciocínio raso o suficiente para repetir o *script* dado, sem relativizar nada e sem opor-se a quem detém o poder. "(...) Cuidado na ideia que houveres de nutrir para uso alheio e próprio. O melhor será não as ter absolutamente (...), pode-se, com violência, abafá-las, escondê-las até a morte. (...)

"Tu, meu filho, se não me engano, parece dotado de perfeita inópia mental, conveniente ao uso deste nobre ofício."

O pai não tinha dúvida, dada a inteligência do filho, de educá-lo para a servidão, para a hipocrisia e para o conchavo do silêncio.

Caro leitor, quantas vezes não encontramos alguns "medalhinhas" em silêncio numa reunião de trabalho ou de família, ouvindo atentamente o que o "medalhão" pensa e diz para depois reproduzir com obediência canina e servil, ou repetindo, ardilosamente, com outras palavras, o que foi afirmado por um superior, numa paráfrase servil e oca, mas promissora?

CULPA

Quis retê-la, mas o olhar que me lançou não foi já de súplica, senão de império. Desci da Tijuca, na manhã seguinte, um pouco amargurado, outro pouco satisfeito. Vinha dizendo a mim mesmo que era justo obedecer a meu pai, que era conveniente abraçar a carreira política... que a constituição... que a minha noiva... que o meu cavalo...

Memórias póstumas de Brás Cubas

"– Me acuda, meu sinhô moço!

"Sinhá Rita, com a cara em fogo e os olhos esbugalhados, instava pela vara, sem largar a negrinha, agora presa de um acesso de tosse. Damião sentiu-se compungido; mas ele precisava tanto sair do seminário! Chegou à marquesa, pegou na vara e entregou-a a Sinhá Rita."

"O caso da vara"

"Tia Mônica, ouvida a explicação, perdoou a volta do pequeno, uma vez que trazia os cem mil-réis. Disse, é verdade, algumas palavras duras contra a escrava, por causa do aborto, além da fuga. Cândido Neves, beijando o filho, entre lágrimas, verdadeiras, abençoava a fuga e não se lhe dava do aborto. – Nem todas as crianças vingam, bateu-lhe o coração."

"Pai contra mãe"

MACHADO, COMO POUCOS ESCRITORES, SOUBE VASCULHAR as entranhas do *eu* e roê-las meticulosa e ironicamente. Mas não rói de todo, deixa firme e desnudo o alicerce que sustenta as relações sociais e os arames que amarram fato moral à interpretação que o ajusta e o molda conforme as conveniências e as necessidades. O conto "O enfermeiro" pode ser tomado como exemplo dessa entranha e desse alicerce roídos e esgarçados por Machado, a narrativa ilustra um homem que, movido pela verdade, criada para si, expurga o sentimento de culpa e se ajusta à vida social e à interior com a tranquilidade dos justos. Assim, o Bruxo põe abaixo a certeza frágil cunhada pelo dito popular "o importante é dormir com a consciência tranquila", porque sabia que a consciência pode manipular a verdade de tal forma que, com o tempo, essa verdade criada pode manipular a consciência. Consegue-se, assim, o sono tranquilo, numa espécie de moral invertida.

Movido por essa verdade e essa consciência inventadas e manipuladas, Procópio, personagem de "O enfermeiro", não se abate nem se delata pelo sentimento de culpa; simplesmente, aos poucos, o enfermeiro retira de si toda e qualquer responsabilidade sobre a morte do coronel Felisberto, ajustando para isso também a opinião alheia sobre o fato, a tal da "solda doméstica" ou moral a que se referia Brás em *Memórias póstumas de Brás Cubas*.

As personagens de Machado, motivadas pelo sentido ou pela necessidade de autopreservação, buscam sempre iludir a si e aos outros para conseguir o apoio das instituições e dos indivíduos. E, em um jogo especular, esse apoio reforça a certeza para a personagem de que não houve erro moral ou delito algum em seu ato, e essa é a mesma certeza fornecida aos outros e às instituições de que o ato cometido não era imoral ou delituoso. Um espelho manchado e de bordas rotas, mas bem polido. Fazendo referência a essa verdade das personagens machadianas, Alfredo Bosi, critico literário, afirma que há entre os atores das ações na prosa de Machado uma "união ostensiva do sujeito com a Aparência dominante".

Repare como uma passagem do conto revela a observação de Bosi: "A primeira ideia foi retirar-me logo cedo, a pretexto de ter meu irmão doente, e, na verdade, recebera carta dele, alguns dias antes, dizendo-me que se sentia mal. Mas adverti que a retirada imediata poderia fazer despertar suspeitas, e fiquei. Eu mesmo amortalhei o cadáver, com o auxílio de um preto velho e míope. Não saí da sala mortuária; tinha medo de que descobrissem alguma coisa. Queria ver no rosto dos outros se desconfiavam; mas não ousava fitar ninguém. Tudo me dava impaciências: os passos de ladrão com que entravam na sala, os cochichos, as cerimônias e as rezas do vigário. Vindo a hora, fechei o caixão, com as mãos trêmulas, tão trêmulas que uma pessoa, que reparou nelas, disse a outra com piedade:

102

"– Coitado do Procópio! apesar do que padeceu, está muito sentido.

"Pareceu-me ironia; estava ansioso por ver tudo acabado. Saímos à rua. A passagem da meia-escuridão da casa para a claridade da rua deu-me grande abalo; receei que fosse então impossível ocultar o crime. Meti os olhos no chão, e fui andando. Quando tudo acabou, respirei. Estava em paz com os homens.

"(...)

"– Deixa lá o outro que morreu, diziam-me. Não é caso para tanta melancolia.

"E eu aproveitava a ilusão, fazendo muitos elogios ao morto, chamando-lhe boa criatura, impertinente, é verdade, mas um coração de ouro. E, elogiando, convencia-me também, ao menos por alguns instantes."

Como vimos anteriormente, no capítulo "Ser e parecer", é comum na prosa machadiana que a aparência valha ou suplante a essência ou, conforme sugere Bosi, "a vida em sociedade, segunda natureza do corpo, na medida em que exige máscaras, vira também irreversivelmente máscara universal". Assim, Machado vai corroendo essas entranhas morais e deixando em pé o pilar que sustenta as astúcias das personagens em busca do logro, do sucesso e da preservação de si e da "nova lei moral" criada para esse fim.

Grande leitor de Maquiavel, "aprender a não ser bom, e usar ou não usar o aprendido, de acordo com a necessidade", Machado também observava que entre os homens não há muito espaço para a ação ingênua. Isso não significa que ele propusesse aos homens o ardil e a esperteza. Não, o Bruxo não propunha, mas – com seu *pince-nez* de míope – enxerga-os com clareza nas ações dos homens, que sempre relativizavam a moral absoluta, a si, as intenções e os gestos: "(...) Vi no pescoço o sinal das minhas unhas; abotoei alto a camisa e cheguei ao queixo a ponta do lençol. Em seguida, chamei um escravo, disse-lhe que o coronel amanhecera morto; mandei recado ao vigário e ao médico.

"A primeira ideia foi retirar-me logo cedo, a pretexto de ter meu irmão doente, e, na verdade, recebera carta dele, alguns dias antes, dizendo-me que se sentia mal. Mas adverti que a retirada imediata poderia fazer despertar suspeitas, e fiquei. Eu mesmo amortalhei o cadáver, com o auxílio de um preto velho e míope. (...) Estava escrito; era eu o herdeiro universal do coronel. Cheguei a supor que fosse uma cilada; mas adverti logo que havia outros meios de capturar-me, se o crime estivesse descoberto. Demais, eu conhecia a probidade do vigário, que não se prestaria a ser instrumento. Reli a carta, cinco, dez, muitas vezes; lá estava a notícia. (...) Assim, por uma ironia da sorte, os bens do coronel vinham parar às minhas mãos. Cogitei em recusar a herança. Parecia-me odioso receber um vintém do tal espólio; era pior do que fazer-me esbirro alugado. Pensei nisso três dias, e esbarrava sempre na consideração de que a recusa podia fazer desconfiar alguma coisa. No fim dos três dias, assentei num meio-termo; receberia a herança e dá-la-ia toda, aos bocados e às escondidas. Não era só escrúpulo; era também o modo de resgatar o crime por um ato de virtude; pareceu-me que ficava assim de contas saldas."

Evidentemente que Procópio está bem longe de ser ingênuo, mas assim mesmo descarta, em seus pensamentos e atitudes, as ações ingênuas que poderiam ser tomadas, ainda que moralmente certas e justas. Ele busca a autopreservação na autodesculpa e com elas manipula e ajusta a opinião alheia, que reforça, com reflexo afirmativo, a autopreservação e a autodesculpa. "Não era só escrúpulo; era também o modo de resgatar o crime por um ato de virtude; pareceu-me que ficava assim de contas saldas. (...) a opinião da vila era tão contrária ao coronel, que a vista dos lugares foi perdendo para mim a feição tenebrosa que a princípio achei neles. (...) Entrando na posse da herança, converti-a em títulos e dinheiro. Eram então passados muitos meses, e a ideia de distribuí-la toda em esmolas e donativos pios não me dominou como da primeira vez; achei mesmo que era afetação. Restringi o plano primitivo; distribuí alguma coisa aos pobres, dei à matriz da vila uns paramentos novos, fiz uma esmola à Santa Casa da Misericórdia, etc.: ao todo trinta e dois contos. Mandei também levantar um túmulo ao coronel, todo de mármore."

Para justificar esse processo de autopreservação e autodesculpa, Procópio conta com a cumplicidade do leitor e dos moradores da vila, que poderiam ver (leitores) e viam (personagens da vila), no coronel, um ser mimado, prepotente e autoritário – o que de fato era.

"Chegando à vila, tive más notícias do coronel. Era homem insuportável, estúrdio, exigente, ninguém o aturava, nem os próprios amigos. Gastava mais enfermeiros que remédios. A dois deles quebrou a cara. (...) Não tardou a ocasião. Um dia, como lhe não desse a tempo uma fomentação, pegou da bengala e atirou-me dois ou três golpes. Não era preciso mais; despedi-me imediatamente, e fui aprontar a mala. Ele foi ter comigo, ao quarto, pediu-me que ficasse, que não valia a pena zangar por uma rabugice de velho. Instou tanto que fiquei.

"– Estou na dependura, Procópio, dizia-me ele à noite; não posso viver muito tempo. Estou aqui, estou na cova. Você há de ir ao meu enterro, Procópio; não o dispenso por nada. Há de ir, há de rezar ao pé da minha sepultura. Se não for, acrescentou rindo, eu voltarei de noite para lhe puxar as pernas. Você crê em almas de outro mundo. Procópio?

"– Qual o quê!

"– E por que é que não há de crer, seu burro? redarguiu vivamente, arregalando os olhos.

"Eram assim as pazes; imagine a guerra. Coibiu-se das bengaladas; mas as injúrias ficaram as mesmas, se não piores. Eu, com o tempo, fui calejando, e não dava mais por nada; era burro, camelo, pedaço d'asno, idiota, moleirão, era tudo. Nem, ao menos, havia mais gente que recolhesse uma parte desses nomes. Não tinha parentes; tinha um sobrinho que morreu tísico, em fins de maio ou princípios de julho, em Minas. Os amigos iam por lá às vezes aprová-lo, aplaudi-lo, e nada mais; cinco, dez minutos de visita. Restava eu; era eu sozinho para um dicionário inteiro."

O coronel Felisberto possui o comportamento típico do homem que fora mimado quando criança e busca estender o mimo por toda a vida. Chora como uma criança indefesa e ataca como um adulto raivoso. O caráter se revela sempre nos extremos. Quando contrariado ou nervoso, é autoritário, truculento e agressivo; quando necessita de auxílio, é indefeso, frágil e dócil. Os enfermeiros são contratados para que cuidem dele e se submetam também aos seus caprichos de homem mimado.

Assim, comendo o pão que o diabo e o coronel amassaram, Procópio ganha de forma servil a simpatia do coronel por se sujeitar aos maus-tratos, mas contraditoriamente tem antipatia por ele. Vale lembrar que a narração do conto é posterior ao ocorrido, e o narrador tem total domínio dos fatos e da organização deles na história. Machado, dando voz narrativa a Procópio, permite ao leitor desconfiar do enfermeiro, simpatizar com ele ou antipatizar, tudo a depender com que lupa ou *pince-nez* moral o texto é lido e digerido.

Em um dado momento da narrativa, entre tantos atos de fúria, o coronel quebra uma moringa de barro na cabeça de Procópio, que, enfurecido, agarra o coronel Felisberto pela garganta, levando-o à morte. "Acordei aos gritos do coronel, e levantei-me estremunhado. Ele, que parecia delirar, continuou nos mesmos gritos, e acabou por lançar mão da moringa e arremessá-la contra mim. Não tive tempo de desviar-me; a moringa bateu-me na face esquerda, e tal foi a dor que não vi mais nada; atirei-me ao doente, pus-lhe as mãos ao pescoço, lutamos, e esganei-o.

"Quando percebi que o doente expirava, recuei aterrado, e dei um grito; mas ninguém me ouviu. Voltei à cama, agitei-o para chamá-lo à vida, era tarde; arrebentara o aneurisma, e o coronel morreu." Mas como "a vida é cheia de mistérios", Procópio recebe como recompensa a herança do Felisberto, por ser o único enfermeiro que soube suportar as pancadas do mimado coronel, que precisava mais de alguém a quem pudesse maltratar e ofender do que necessariamente oferecer cuidados, porque assim foi durante toda a sua vida.

A partir desse evento, Machado mergulha fundo na alma de uma personagem que busca a todo tempo criar uma autodesculpa que a absolva e justifique o crime cometido e revela os cálculos e os ardis que ela cria nesse processo de culpa e desculpa. "E eu aproveitava a ilusão, fazendo muitos elogios ao morto, chamando-lhe boa criatura, impertinente, é verdade, mas um coração de ouro. E elogiando, convencia-me também, ao menos por alguns instantes. Outro fenômeno interessante, e que talvez lhe possa aproveitar, é que, não sendo religioso, mandei dizer uma missa pelo eterno descanso do coronel, na igreja do Sacramento."

Procópio vai do medo de ser preso à dor da consciência de ter assassinado o coronel. Depois segue da tristeza de se sentir um assassino à felicidade de se sentir um herdeiro rico. "Crime ou luta? Realmente, foi uma luta, em que eu, atacado, defendi-me, e na defesa... Foi uma luta desgraçada, uma fatalidade. Fixei-me nessa ideia. E balanceava os agravos, punha no ativo as pancadas, as injúrias... Não era culpa do coronel, bem o sabia, era da moléstia, que o tornava assim rabugento e até mau... Mas eu perdoava tudo, tudo... O pior foi a fatalidade daquela noite... Considerei também que o coronel não podia viver muito mais; estava por pouco; ele mesmo o sentia e dizia. Viveria quanto? Duas semanas, ou uma; pode ser até que menos. Já não era vida, era um molambo de vida, se isto mesmo se podia chamar ao padecer contínuo do pobre homem... E quem sabe mesmo se a luta e a morte não foram apenas coincidentes? Podia ser, era até o mais provável; não foi outra cousa. Fixei-me também nessa ideia..."

E nesse processo, vai aliviando a consciência passo a passo, calculadamente. E assim, a culpa interior veste a máscara da tristeza, que é substituída pela máscara da autopreservação, que é substituída pela máscara da opinião alheia, que é substituída pela máscara do benfeitor altruísta, que é substituída pela máscara de um homem rico, que é substituída por um confessor íntegro, que é substituída novamente por um benfeitor, que é substituída por uma máscara eterna de mármore. "(...) na posse da herança, converti-a em títulos e dinheiro. Eram então passados muitos meses, e a ideia de distribuí-la toda em esmolas e donativos pios não me dominou como da primeira vez; achei mesmo que era afetação. Restringi o plano primitivo: distribuí alguma cousa aos pobres, dei à matriz da vila uns paramentos novos, fiz uma esmola à Santa Casa da Misericórdia, etc.: ao todo trinta e dois contos. Mandei também levantar um túmulo ao coronel, todo de mármore. (...) Os anos foram andando, a memória tornou-se cinzenta e desmaiada. Penso às vezes no coronel, mas sem os terrores dos primeiros dias. Todos os médicos a quem contei as moléstias dele, foram acordes em que a morte era certa, e só se admiravam de ter resistido tanto tempo. Pode ser que eu, involuntariamente, exagerasse a descrição que então lhes fiz; mas a verdade é que ele devia morrer, ainda que não fosse aquela fatalidade...

"Adeus, meu caro senhor. Se achar que esses apontamentos valem alguma coisa, pague-me também com um túmulo de mármore, ao qual dará por epitáfio esta emenda que faço aqui ao divino sermão da montanha: 'Bem-aventurados os que possuem, porque eles serão consolados.'"

Assim, Machado mostra como o ser humano utiliza-se do processo de autodesculpa e do ajuste da opinião interna com a externa para ficar bem consigo mesmo e com os outros. As alucinações e o possível remorso de Procópio, nos primeiros dias, vão sendo dissipados pela crença de que com o coronel houve uma fatalidade e que, mais cedo ou mais tarde, o coronel haveria de morrer, e também pela ideia de que a herança era como se fosse uma verba indenizatória, como atestam os irônicos vocabulários contábil e cristão:

> "E balanceava os agravos, punha no ativo as pancadas, as injúrias... (...) O vigário disse-me as disposições do testamento, os legados pios, e de caminho ia louvando a mansidão cristã e o zelo com que eu servira ao coronel, que, apesar de áspero e duro, soube ser grato". Forte ironia de Machado às motivações reais de Procópio e à justiça divina, reforçadas no fim da história, em que Procópio sugere comprar, com a doação de sua herança, a recepção da sua confissão e a manutenção da sua imagem. "Se achar que esses apontamentos valem alguma coisa, pague-me também com um túmulo de mármore, ao qual dará por epitáfio esta emenda que faço aqui ao divino sermão da

montanha: 'Bem-aventurados os que possuem, porque eles serão consolados.'"

Na cabeça ajustada e automanipulada do enfermeiro, o crime vai-se transformando em luta, e a luta cede lugar ao merecimento. Foi a estratégia encontrada por ele para adaptar-se à situação nova que lhe é favorável. É a ironia de Machado aos cálculos inevitáveis da vida e à nova categoria moral criada pela personagem: "a injustiça merecida".

Em coluna publicada no jornal *Folha de S. Paulo*, Contardo Calligaris afirma: "(...) À primeira vista, que a gente acredite ou não nas penas do inferno, pareceria lógico que evitássemos as ações que (como sabemos sempre de antemão) não nos deixariam dormir tranquilos. Mas qualquer terapeuta sabe que não é assim: a culpa funciona como uma espécie de pagamento antecipado. Autorizo-me a fazer algo que me parece errado justamente porque sei que me sentirei culpado, e meu sofrimento futuro compra, desde já, o perdão para meu ato. A Igreja Católica, quando instituiu o arrependimento e a penitência como condições da confissão, inventou um dispositivo extraordinariamente permissivo. Posso pecar quanto eu quiser, pois já me arrependo, sinto-me culpado, sofro e meu sofrimento me remirá.

É a mesma dinâmica que funciona quando pedimos desculpas: numa palavra só, admitimos que nosso ato é errado, prometemos que nos sentiremos culpados, e essa promessa nos garante o perdão. Com isso, podemos furar a fila e passar a perna, à condição de murmurar 'desculpe'. (...)"

Machado e Contardo sugerem que a culpa é um regulador moral frouxo, porque se não alcançamos a desculpa divina ou da opinião alheia, forjamos em nós uma autodesculpa que justifica nossos erros e delitos. "Parei em fila dupla, porque estava atrasado e chovendo, meu filho não poderia se molhar.", "Sei que é proibido, mas é um minutinho só", "Não fiz por mal", "Não era a minha intenção"...

Na sociedade, há também os exemplos de autopreservação ou autodesculpas ideológicas, como se criássemos uma nova categoria moral: "a injustiça merecida". Aceitamos que em uma determinada situação da vida privada ou da pública uma injustiça seja cometida em nome de uma suposta justiça. Vimos presenciando alardes e surdezes da sociedade a pesos iguais e medidas diferentes. Às vezes, somos contrários à corrupção de uns e benevolentes à corrupção de outros. Comemoramos a prisão de uns e calamos para a absolvição de outros, mesmo que os crimes sejam semelhantes.

Além disso, não é comum falarmos "Foi mal", ou, "Desculpa aí"? Normalmente, não pedimos desculpas; nós a exigimos. E "ai" daquele que não aceita nossas desculpas, ai daquele que não aceita nosso arrependimento ou choro; não serão por nós desculpados.

POBREZA

José Dias tratava-me com extremos de mãe e atenções de servo. A primeira cousa que consegui logo que comecei a andar fora, foi dispensar-me o pajem; fez-se pajem, ia comigo à rua. Cuidava dos meus arranjos em casa, dos meus livros, dos meus sapatos, da minha higiene e da minha prosódia. Aos oito anos os meus plurais careciam, alguma vez, da desinência exata, ele a corrigia, meio sério para dar autoridade à lição, meio risonho para obter o perdão da emenda.

Dom Casmurro

"Ora, pegar escravos fugidios era um ofício do tempo. Não seria nobre, mas por ser instrumento da força com que se mantêm a lei e a propriedade, trazia esta outra nobreza implícita das ações reivindicadoras. (...) Cândido Neves, – em família, Candinho, – é a pessoa a quem se liga a história de uma fuga, cedeu à pobreza, quando adquiriu o ofício de pegar escravos fugidos."

"Pai contra mãe"

"O que o teu criado tem é um sentimento nobre e perfeitamente regido pelas leis do Humanitismo: é o orgulho da servilidade. (...) E concluiu que era tudo a expressão daquele sentimento delicado e nobre, – prova cabal de que muitas vezes o homem, ainda a engraxar botas, é sublime."

Memórias póstumas de Brás Cubas

MACHADO DE ASSIS VIVEU EM UMA ÉPOCA MARCADA PELA modernização, marcada pela veiculação de bens e pela barbárie arcaica, ampliada pela escravidão. Era um país que se modernizava sob camadas apegadas às relações violentas típicas da escravidão. O progresso civilizatório europeu chegava à capital do país (Rio de Janeiro à época), permitindo à classe abastada o acesso ao luxo comprado com o dinheiro advindo, em boa parte, do trabalho escravo. Viam-se pessoas elegantemente vestidas, desfilando e consumindo bens em ruas elegantes repletas de lojas e de utensílios domésticos. Havia também lojas que deixavam à mostra, disponível para os elegantes consumidores, aparelhos destinados ao castigo de escravos. "(...) Um deles era o ferro ao pescoço, outro o ferro ao pé; havia também a máscara de folha de flandres. A máscara fazia perder o vício da embriaguez aos escravos, por lhes tapar a boca. Tinha só três buracos, dois para ver, um para respirar, e era fechada atrás da cabeça por um cadeado. (...) Era grotesca tal máscara, mas a ordem social e humana nem sempre se alcança sem o grotesco, e alguma vez o cruel. Os funileiros as tinham penduradas, à venda, na porta das lojas." ("Pai contra mãe")

Os chamados "homens livres", aqueles que não eram proprietários nem escravos, dependiam da escassa disponibilidade de trabalho e pairavam à margem da sociedade – num limiar próximo ao do escravo, uma vez que grande parte da mão de obra braçal ou pouco qualificada era feita por escravos, esses "homens livres" dependiam fundamentalmente da benevolência, capricho e ajuda de algum proprietário, porque sem trabalho e sem acesso aos bens de consumo, lutavam para sobreviver em uma sociedade bipartida e paradoxal – moderna e arcaica.

Essas pessoas costuravam seu destino à sombra dos proprietários e marcando distância dos escravos, com quem não queriam ser identificadas. O destino delas e o reconhecimento social atrelavam-se à relação de dependência que tinham com as classes dominantes, como agregados à casa, à família e à sociedade escravocrata. "José Dias tratava-me com extremos de mãe e atenções de servo. (...) Aos oito anos os meus plurais careciam, alguma vez, da desinência exata, ele a corrigia, meio sério para dar autoridade à lição, meio risonho para obter o perdão da emenda. (...) Com o tempo, adquiriu certa autoridade na família, certa audiência, ao menos; não abusava, e sabia opinar obedecendo."

O trabalho, de forma geral, não era um grande mérito, justamente porque estava atrelado à servidão do escravo e aos favores que se faziam aos homens livres – os pequenos proprietários de comércio e os mestres de ofício (barbeiros, alfaiates etc.), não se veiculavam a essas duas classes marginais. Assim, com a desvalorização do trabalho, o sistema de proteção se enrijecia, fortalecendo o papel caprichoso e arbitrário do proprietário que decidia a quem, como e quando ajudar – diminuindo ainda mais a capacidade de articulação social de quem trabalhava.

Um exemplo bastante interessante da relação paradoxal que se tinha com o trabalho vê-se em *Memórias póstumas de Brás Cubas*, em dois momentos. No primeiro, Brás se recorda de seu antigo professor, "homem livre não proprietário", que morre na penúria e sozinho – sem nenhuma valorização social pelo trabalho e préstimos feitos, "se me metias medo, nunca me meteste zanga. Vejo-te ainda agora entrar na sala (...) vejo-te sentar, bufar, grunhir, absorver uma pitada inicial, e chamar-nos depois à lição. E fizeste isto durante vinte e três anos, calado, obscuro, pontual, metido numa casinha da rua do Piolho, sem enfadar o mundo com a tua mediocridade, até que um dia deste o grande mergulho nas trevas, e ninguém te chorou, salvo um preto velho, – ninguém, nem eu, que te devo os rudimentos da escrita". No segundo, o acaso fortuito leva Brás a esbarrar no passeio público com um ex-colega de escola, que fora abastado como ele e, no momento do encontro, vivia na mendicância.

> "(...) um homem de trinta e oito a quarenta anos, alto, magro e pálido. As roupas, salvo o feitio, pareciam ter escapado ao cativeiro de Babilônia. (...) Era o Quincas Borba, o gracioso menino de outro tempo, o meu companheiro de colégio, tão inteligente e abastado. (...) Não podia aca-

bar de crer que essa figura esquálida, essa barba pintada de branco, esse maltrapilho avelhentado, que toda essa ruína fosse o Quincas Borba. (...) Tirei a carteira, escolhi uma nota de cinco mil réis, – a menos limpa, – e dei-lha. (...) Ele, que era arguto, entendeu-me; ficou sério, grotescamente sério, e pediu-me desculpa da alegria, dizendo que era alegria de pobre que não via, desde muitos anos, uma nota de cinco mil-réis.

"– Pois está em suas mãos ver outras muitas, disse eu.

"– Sim? acudiu ele, dando um bote para mim.

"– Trabalhando, concluí eu."

Ora, o mesmo Brás Cubas que pouco se importou com a dignidade do trabalho de seu antigo mestre e que se gabava da sorte de nunca ter precisado trabalhar: "coube-me a boa fortuna de não comprar o pão com o suor do meu rosto". Aconselhava ao antigo amigo trabalhar para conseguir uma nota de cinco mil réis. Nesse momento, Machado revela a relação que a classe dominante estabelecia com o trabalho da gente pobre ou dos tais "homens livres". Aqueles que não trabalhavam recebiam o desdém e a reprovação imediata porque não aderiam ao que se chamava vida digna social; mas, aos que trabalhavam, não se oferecia o mesmo respeito digno. E assim se estabelecia um aparente paradoxo moral com relação ao trabalho: a classe dominante não devia satisfações ou favores a quem lhe serviu como escravo ou trabalhador livre, mas se opunha com força moral e questionamentos duros àqueles que viviam nas ruas, desprezava o escravo e o trabalhador e condenava moralmente os pedintes. E, assim, a sociedade bipartida e emendada no progresso europeu e no atraso da escravidão fica explicitamente revelada pelo Bruxo do Cosme Velho.

No entanto, entre os homens livres que trabalhavam, havia uma espécie de valoração moral na relação de servidão, atrelada à graduação servil, como se atesta em "Pai contra mãe", conto de Machado. "(...) pegar escravos fugidios (...) Não seria nobre, mas por ser instrumento da força com que se mantêm a lei e a propriedade, trazia esta outra nobreza implícita das ações reivindicadoras. (...) O comércio chamou-lhe a atenção, era carreira boa. (...) A obrigação, porém, de atender e servir a todos feria-o na corda do orgulho." Nas pedras calçadas na lama fundia-se o terreno pantanoso em que caminhavam os agregados, os homens livres e os miseráveis. Sem ser proprietários, e a força econômica a depender do trabalho escravo, essa casta de gente patinava no terreno escorregadio da vida brasileira – não valiam nada se não aderissem ao trabalho e valiam muito pouco se trabalhassem de forma servil e por favor. A essa massa de homens livres restava-lhes as incertezas de ter ou não ter trabalho na vida movediça que lhes era reservada. Vivia-se a um passo da tolerância social quando estavam empregados ou do desprezo, se viviam na mendicância.

Nas palavras de Roberto Schwarz, crítico literário, em quem Machado encontrou um leitor da mesma envergadura: "Não sendo proprietários nem escravos, estas personagens não formam entre os elementos básicos da sociedade, que lhes prepara uma situação ideológica desconcertante. O seu acesso aos bens da civilização, dada a dimensão marginal do trabalho livre, se efetiva somente através da benevolência eventual e discricionária de indivíduos da classe abonada. Assim, se não alcançam alguma espécie de proteção, os homens pobres vivem ao deus-dará, sobretudo se cortados da esfera material e institucional do mundo contemporâneo. (...) Noutras palavras, a participação do homem pobre na cultura moderna dava-se ao preço de uma concessão ideológico-moral de monta, que ele pode elaborar de muitos modos, mas sem lhe escapar".

Prudêncio, ex-escravo de Brás, alforriado, vivendo como "homem livre", compreendeu essa lógica social e resolveu dela tirar proveito – revelando, assim, sua astúcia e aprendizagem e sua perversa desvinculação da classe escrava de origem. Comprou um escravo e devolveu-lhe à barbárie a que era submetido quando pertencia aos Cubas, imitando o gesto e a fala:

"Cala a boca, besta!

"– Meu senhor! gemia o outro.

"– Cala a boca, besta! replicava o vergalho.

"(...) Cheguei-me; ele deteve-se logo e pediu-me a bênção; perguntei-lhe se aquele preto era escravo dele.

"– É, sim, nhonhô.

"– Fez-te alguma cousa?

"– É um vadio e um bêbado muito grande. Ainda hoje deixei ele na quitanda, enquanto eu ia lá embaixo na cidade, e ele deixou a quitanda para ir na venda beber.

"– Está bom, perdoa-lhe, disse eu.

"– Pois não, nhonhô. Nhonhô manda, não pede. Entra para casa, bêbado!"

Como o próprio nome revela, Prudêncio, diante de seu antigo senhor e grande proprietário, agiu com prudência, no encontro com Brás; soube atacar e defender e modulou a fala – da ofensa à mesura, de acordo com o interlocutor. Sabe que é um homem livre dado à sorte ou ao azar da vida, não é um proprietário estabilizado. Diante de Brás, comporta-se com a deferência do escravo que foi "Pois não, nhonhô. Nhonhô manda, não pede", mas sabe ser duro como um capataz, arremedo de proprietário. "Entra para casa, bêbado!" Prudêncio assimila com clareza e prontidão as relações verticais propostas em um país que cunhou o seguinte dito popular: "manda quem pode e obedece quem tem juízo".

Nas palavras novamente de Schwarz, "(...) as brutalidades de um escravo forro não são menos complexas e espirituais que os divinos caprichos de uma senhora elegante, contrariamente ao que pensariam o preconceito comum, ou o racismo científico então em voga". Sempre com razão, Schwarz e Machado. A violência nas relações poderia vir com palavras chulas, gritos de ofensa ou envernizadas em gestos de elegância frouxa. Afinal, as senhoras elegantes iam às compras e traziam, na mesma sacola, vestidos, perfumes franceses e aparelhos de tortura para castigar escravos.

Dona Plácida, que nunca se tornou proprietária, teve que elaborar sua participação na vida moderna e no mundo do favor e do trabalho. Vivendo no sacrifício e no terreno escorregadio, "Trabalhava muito, queimando os dedos ao fogão, e os olhos ao candeeiro, para comer e não cair", aceitou, contra suas convicções, mediar a relação ilícita de Brás em troca de casa, de comida e de cinco contos, achados por Brás na praia de Botafogo. "Felizmente, Iaiá me protegeu, e o senhor doutor também... Eu tinha um medo de acabar na rua, pedindo esmola..."

Terminada a sua "utilidade relativa", como afirmou Brás, Dona Plácida retoma a sua vida de miséria. De forma irônica, seu antigo protetor imagina a fala dos autores da vinda de Dona Plácida ao mundo, para cumprir uma utilidade relativa, ou seja, servir a um proprietário e depois receber um piparote de exclusão. Um dos trechos mais duros e amargos do livro: "Aqui estou. Para que me chamastes? E o sacristão e a sacristã naturalmente lhe responderiam: – Chamamos-te para queimar os dedos nos tachos, os olhos na costura, comer mal, ou não comer, andar de um lado para outro, na faina, adoecendo e sarando, com o fim de tornar a adoecer e sarar outra vez, triste agora, logo desesperada, amanhã resignada, mas sempre com as mãos no tacho e os olhos na costura, até acabar um dia na lama ou no hospital".

De nada valeu seu consórcio temporário com os antigos "amigos" proprietários. Velha e inútil, é descartada a relação de troca de favores. O trabalho, como havia sugerido Brás ao, então, mendigo Quincas, não trouxe à Plácida sorte, prestígio e conforto.

Machado relativiza os ajustes de Plácida e de Prudêncio que, como pessoas livres, buscam – no reconhecimento ou na proteção – fazer parte do que se chamava modernidade no final do século XIX. Mas ele não relativiza o que não se pode relativizar: a condição marginal dos dois e a sombra social que os afasta do lado luminoso da vida dos proprietários.

Eugênia, personagem do mesmo romance, ainda que não tenha aderido ao consórcio social e mantido um comportamento digno, não teve melhor sorte que Plácida, morre na miséria. A sorte poderia ter-lhe sorrido, mas não o fez. Eugênia, como muitas pessoas livres e não abonadas, vivia também à sorte de um casamento que a alçasse para o andar de cima ou para a Casa-Grande. Moça pobre, nascida fora do casamento, havia sido criada à sombra da classe dominante.

Brás a encontra em seu retiro espiritual, enquanto esquece a morte da mãe e pensa na proposta do pai: um casamento com uma moça de família influente e um cargo de deputado. Nesse encontro, aventa-se a possibilidade de namoro e casamento. Ela era realmente bonita e digna. Uma dignidade que atraía e afastava Brás. Atraía porque daria em boa esposa, de quem se orgulhasse em público, ainda que pobre. Mas também incomodava, porque, pobre, não se mostrava curvada ao proprietário superior, doutor Brás Cubas, filho do senhor Cubas.

Para Brás, além disso, a flor da moita – referência irônica e cruel à sua ilícita concepção bastarda – não lhe oferecia a tal "sede de nomeada", o brilho público que buscava Brás. No máximo, permitiria a Brás continuar sendo o patriarca, o proprietário superior, nada mais. E, nas palavras de Brás Cubas, "O pior é que era coxa. Uns olhos tão lúcidos, uma boca tão fresca, uma compostura tão senhoril; e coxa! Esse contraste faria suspeitar que a natureza é às vezes um imenso escárnio. Por que bonita, se coxa? Por que coxa, se bonita?". Esse defeito físico atrelado, segundo Brás, ao defeito de seu nascimento e condição social, inviabilizou o casamento, mas não o falso noivado e a possibilidade de arrancar da moça bonita, pobre e coxa um beijo e lhe acender uma ilusão triste, num exercício cruel de superioridade de Brás que desdenha da moça, achando-a um desperdício da natureza. Poderia ser coxa e feia, ou bonita e sem defeito físico.

A moça, como sugere Schwarz, vivia em dois polos absurdamente distantes, poderia casar-se e inserir-se na vida abastada, ou morrer na mais completa miséria. Já o proprietário Brás Cubas, infenso às molas da vida e às instabilidades dela, reconstitui a vida com tranquilidade. Descalças as botas que lhe mortificavam os pés e apagavam a dor da consciência, esquece da "flor da moita". "(...) fui descalçar as botas, que estavam apertadas. (...) Então considerei que as botas apertadas são uma das maiores venturas da terra, porque, fazendo doer os pés, dão azo ao prazer de as descalçar. Mortifica os pés, desgraçado, desmortifica-os depois, e aí tens a felicidade barata. (...) Em verdade vos digo que toda a sabedoria humana não vale um par de botas curtas.

"Tu, minha Eugênia, é que não as descalçaste nunca; foste aí pela estrada da vida, manquejando da perna e do amor, triste como os enterros pobres, solitária, calada, laboriosa, até que vieste também para esta outra margem... O que eu não sei é se a tua existência era muito necessária ao século."

Brás crê que Eugênia ou Plácida são necessárias à vida, uma vez que vieram para sofrer e servir, como um par de "utilidades relativas". Machado mostra o destino da classe de pessoas livres, que viviam na dependência de algum capricho ou da simpatia das classes dominantes. Entende que a modernidade, que ofereceu acesso a um mundo novo e civilizado, era acessível a uma pequena parcela que gozava dessas benesses à custa do trabalho escravo ou da servilidade da casta de baixo, que vivia como cães sem donos. Machado via que, embaixo da ordem e do progresso instaurados no país, ainda reinava soberana a injustiça social e a barbárie.

Machado desnudou sua época e a revelou para nós, que, assombrados, vemo-nos lidos pelo Bruxo com seu olhar meticuloso de míope. Um quarto de empregada, cubículo apertado, com vista para lavanderia, não é tão distante quanto os aposentos da escravaria da casa. A nossa modernidade ainda está calçada na barbárie a que se referia Machado.

Contardo Calligaris problematiza, em coluna publicada na *Folha de S. Paulo*, "No ático ou nos fundos":

"(...) Sobre o aspecto trabalhista do caso que nos interessa, consultei meu amigo e contador, Paulo Lourencine: ele entende que, para as domésticas que moram no serviço, com filha ou sem filha, a moradia é parte integrante do contrato de trabalho, ou seja, elas ganham salário, moradia e alimentos. O direito a dispor dessa moradia não seria interrompido se a empregada, por exemplo, ficasse doente. Mesmo em caso de doença prolongada, a empregada (que não pode ser despedida por estar doente) pararia de trabalhar, passaria a receber pelo INSS, mas ficaria morando nas acomodações que são dela por contrato. Qualquer patrão pode achar a situação bizarra e constrangedora, mas o quarto de quem trabalha e mora em casa não é uma concessão ou uma regalia: ele é um direito – e, cá entre nós, é também a única casa de quem mora nele. (...) A empregada que mora na casa de seus empregadores é uma espécie de hóspede na casa dos outros ou deve pensar que o quarto dos fundos, que ela ocupa, é a casa dela? Se for a casa dela, ela poderia, então, trazer o dançarino de forró para dormir com ela, certo? Por que não? À condição que aconteça na folga."

Na nossa modernidade, estamos dispostos a abrir mão dos ranços escravistas? Abrir mão da serviçal em casa ou oferecer a ela garantias distintas das que recebiam os escravos e homens livres do século XIX? Talvez isso explique a sanha contra a PEC das empregadas domésticas?

As babás, na grande maioria negras e mestiças, vestidas de branco, são sinalizações sociais. "Olha, essa moça é uma empregada, está aqui conosco, mas não é da família. É empregada, secretária do lar."

Garotos de classe média baixa que cursam ensino superior pela manhã, em universidades pouco conceituadas, e trabalham das 14h às 23h como motoristas de *Uber*, como um rapaz que conheci quando solicitei uma corrida, têm a mesma condição de concorrer no mercado de trabalho com um abastado da mesma idade que não trabalha e que tem tempo para estudar para as provas com tranquilidade e fazer os cursos complementares que deseja? Detalhe, o rapaz que me conduziu em seu carro disse-me que trabalhava esse tempo todo porque pagava a faculdade e o carro, sobrando-lhe metade do salário para os demais gastos. O valor total recebido por ele era menor do que os gastos dos pais de um aluno abonado, matriculado nos colégios e nas universidades de elite.

Como os capitães do mato de outrora, na maioria mestiços e escravos forros pagos para caçar escravos, nossos porteiros, vigias, seguranças e policiais não são também, na maioria das vezes, pretos e mestiços pobres que desconfiam de gente igual a eles?

Talvez a leitura de Machado relativize nossas verdades a respeito de um país que, moderno, ainda está calçado na tradição escravocrata. Se não escravos, há preservadas as relações senhoris e de classe. Talvez os serviçais de hoje (pedreiros, babás, motoristas, vigias, seguranças, empregadas domésticas, jardineiros, faxineiros etc.) sejam os homens livres de outrora a escorregar no movediço chão do Brasil.

Talvez caiba, ao menos, a relativização.

PODER

> Quem não sabe que ao pé de cada bandeira grande, pública, ostensiva, há muitas vezes várias outras bandeiras modestamente particulares que se hasteiam e flutuam à sombra daquela, e não poucas vezes lhe sobrevivem?

Memórias póstumas de Brás Cubas

"Há ações mais ainda ignóbeis do que o próprio homem que as comete."

"Singular ocorrência"

"Ao vencido o ódio ou compaixão, ao vencedor as batatas."

Quincas Borba

"A igreja estabeleceu no confessionário um cartório seguro, e na confissão o mais autêntico dos instrumentos para o ajuste de contas morais entre o homem e Deus."

Dom Casmurro

EM "O ALIENISTA", DR. SIMÃO BACAMARTE É DONO DO PODER, da razão e da loucura. Sob sua rédea, aprisionavam-se os loucos e libertavam-se os sadios na Casa Verde, hospício de Itaguaí. Em sua douta ciência havia variações entre quem era louco e são. O normal de um dia era o louco do outro e vice-versa. Como um juiz supremo e absoluto, não havia como pará-lo, era homem de prestígio e de poder, vinha da Capital para o vilarejo interiorano estabelecer a sanidade. O que se vê é um hospício generalizado, com anuência e dissidência de muita gente, a depender de que lado da cela do sanatório cada um estava. Entre muitas leituras possíveis, há uma bem atual: o arbítrio imponderável que algumas pessoas ou cargos podem ter diante dos outros e o vai e vem das opiniões e das delações para agradar o arbítrio e também fugir dele. "... a Casa Verde era uma instituição pública, e que a ciência não podia ser emendada por votação administrativa, menos ainda por movimentos de rua." Nas palavras do crítico Alfredo Bosi, "O hospício é a Casa do Poder e Machado sabia disso bem antes que o denunciasse a antipsiquiatria".

Como dissemos no capítulo anterior, o Bruxo foi perscrutador atento de um país em que se amalgamavam com harmonia cruel a modernidade e o atraso. As relações de poder eram pautadas nesses dois alicerces e, nos interstícios deles, o Bruxo revelava toda mazela e ignomínia da sociedade brasileira de seu tempo.

Em *Memórias póstumas de Brás Cubas*, com a ironia que lhe é peculiar, Machado revela um texto ambíguo em que, emprestando a voz narrativa ao pouco confiável defunto-autor, permite a ele defender a idoneidade de seu cunhado Cotrim e também o acusar de falta dela. No entanto, o artifício empregado no texto revela uma defesa cúmplice de Brás quando se identifica com Cotrim, e um ataque ao seu caráter quando não se identifica com ele. O texto desnuda, nas duas personagens, o ranço arcaico e bárbaro que calçava a classe dominante do tempo de Machado (e talvez do nosso), que respirava fumos de altruísmo e benevolência, mas mantinha o comportamento violento que pautava o sistema escravocrata.

"Não obstante os meus quarenta e tantos anos, como eu amasse a harmonia da família, entendi não tratar o casamento sem primeiro falar ao Cotrim. Ele ouviu-me e respondeu-me seriamente que não tinha opinião em negócio de parentes seus. Podiam supor-lhe algum interesse, se acaso louvasse as raras prendas de Nhã-loló; por isso calava-se. Mais: estava certo de que a sobrinha nutria por mim verdadeira paixão, (...) e pelo que respeita a Nhã-loló, não chegaria jamais a negar que era noiva excelente; mas daí a aconselhar o casamento ia um abismo.

"(...) Talvez pareça excessivo o escrúpulo do Cotrim, a quem não souber que ele possuía um caráter ferozmente honrado. (...) Reconheço que era um modelo. Arguiam-no de avareza, e cuido que tinham razão; mas a avareza é apenas a exageração de uma virtude, e as virtudes devem ser como os orçamentos: melhor é o saldo que o *déficit*. Como era muito seco de maneiras, tinha inimigos, que chegavam a acusá-lo de bárbaro. O único fato alegado neste particular era o de mandar com frequência escravos ao calabouço, donde eles desciam a escorrer sangue; mas, além de que ele só mandava os perversos e os fujões, ocorre que, tendo longamente contrabandeado em escravos, habituara-se de certo modo ao trato um pouco mais duro que esse gênero de negócio requeria, e não se pode honestamente atribuir à índole original de um homem o que é puro efeito de relações sociais. A prova de que o Cotrim tinha sentimentos pios encontrava-se no seu amor aos filhos. (...) Era tesoureiro de uma confraria, e irmão de várias irmandades, e até irmão remido de uma destas, o que não se coaduna muito com a reputação da avareza; verdade é que o benefício não caíra no chão: a irmandade (de que ele fora juiz), mandara-lhe tirar o retrato a óleo. Não era perfeito, de certo; tinha, por exemplo, o sestro de mandar para os jornais a notícia de um ou outro benefício que praticava, – sestro repreensível ou não louvável, concordo; mas ele desculpava-se dizendo que as boas ações eram contagiosas, quando públicas; razão a que se não pode negar algum peso. Creio mesmo (e nisto faço o seu maior elogio) que ele não praticava, de quando em quando, esses benefícios senão com o fim de espertar a filantropia dos outros; e se tal era o intuito, força é confessar que a publicidade tornava-se uma condição *sine qua non*. Em suma, poderia dever algumas atenções, mas não devia um real a ninguém."

Brás afirma que seu cunhado tinha um "caráter ferozmente honrado". Aparentemente as palavras "ferozmente" e "honrado" não fazem bom par, sugerem dissonância. Mas na sociedade daquele tempo, com ares de modernidade e brisa de barbárie, elas se juntam e se ajustam bem. Cotrim era mesmo um modelo de uma boa parcela da sociedade, de pequenos proprietários, que buscava fortuna e tinha sede de nomeada de glória. Vejamos o caráter feroz do cunhado: "O único fato alegado neste particular era o de mandar com frequência escravos ao calabouço, donde eles desciam a escorrer sangue". Temos aí mordida do defunto-autor, na acusação do caráter violento de Cotrim, que não foge muito à educação do menino brejeiro Brás, que montava o outro menino escravo Prudêncio e dava-lhe pancadas dizendo "cala boca, besta" ou, por capricho e peraltice, quebrava-lhe a cabeça. No entanto, Brás, depois da "mordida" acusatória, assopra e amortiza a condição violenta de Cotrim, ironicamente, é verdade, mas suaviza ou relativiza: "mas, além de que ele só mandava os perversos e os fujões". E continua na mesma toada de mordida, "tendo longamente contrabandeado em escravos", e de assopro, "habituara-se de certo modo ao trato um pouco mais duro que esse gênero de negócio requeria, e não se pode honestamente atribuir à índole original de um homem o que é puro efeito de relações sociais". Brás, homem de verniz polido, que aprendeu a decorar a fraseologia e os ornamentos da cultura, ironicamente despreza o cunhado bruto e ilícito, mas não considerava de todo mau o trato bárbaro dispensado aos escravos – fonte de renda e de sustentáculo social da classe dominante. E como num passe de mágica, o texto ajusta o ataque e a defesa de ambos. E continua adiante no mesmo encaminhamento.

Cotrim era um contrabandista de escravos, mas era também um homem que amava a família e religioso filantropo, sempre pronto a fazer caridade aos necessitados – os tais homens livres sem acesso aos bens de consumo e à civilização moderna incipiente. Ou seja, o mesmo homem pio que ajoelhava diante da imagem do cristo açoitado, crucificado, e que se condoía com a miséria dos necessitados, punha a deitar sangue no pelourinho aos escravos fujões. Um retrato sarcástico de Brás que citava a fraseologia cristã e se comportava de forma pouco religiosa em sua vida mundana. Como afirmava Bento Santiago, de *Dom Casmurro*, no capítulo "A ópera": "Deus é o poeta. A música é de Satanás". Ou o ato é de aparência civilizada, mas regido pela barbárie.

Brás também ironiza a benevolência interesseira de Cotrim, ávido por fortuna e glória, que publicava suas benfeitorias no jornal. "Não era perfeito, de certo; tinha, por exemplo, o sestro de mandar para os jornais a notícia de um ou outro benefício que praticava, – sestro repreensível ou não louvável, concordo; mas ele desculpava-se dizendo que as boas ações eram contagiosas, quando públicas; razão a que se não pode negar algum peso." Evidentemente que o "mas" empregado logo depois da mordida da reprovação atenua-a novamente, criando o jogo de espelhos entre os dois representantes das classes abastadas. O mesmo Brás que, achando uma moedinha sem muito valor, dá publicidade ao ato devolvendo-a com uma carta ao delegado de polícia e que elabora a *teoria da equivalência das janelas*: "Assim, eu, Brás Cubas, descobri uma lei sublime, a lei da equivalência das janelas, e estabeleci que o modo de compensar uma janela fechada é abrir outra, a fim de que a moral possa arejar continuamente a consciência". Corroborada pela *teoria do benefício* proposta pelo seu amigo Quincas, que foi rico, ficou pobre e recebeu uma herança que o fez rico novamente: "Não me podes negar um fato, disse ele; é que o prazer do beneficiador é sempre maior que o do beneficiado".

O que nas palavras de Roberto Schwarz fica assim: "A conivência do capítulo de Cotrim, os estados de embevecimento realizam uma das figuras cardeais da volubilidade que estamos estudando. E também aqui a referência à estrutura social iníqua é a chave do significado latente: à luz dela, o entendimento entre as almas acumpliciadas ou, no limite, o acordo da alma consigo mesma adquirem a ponta ignóbil que lhes é própria neste livro (*Memórias póstumas de Brás Cubas*, acréscimo meu). No recesso da consciência ou no espaço da cumplicidade de classe, trata-se da satisfação de violar a lei e juntamente prestigiá-la, com o benefício dos aplausos devidos a uma e outra atitude".

Machado, de forma bastante irônica, diz que o homem religioso e gentil com os seus é capaz de gestos bárbaros e de abraçar causas ilícitas para ascender socialmente e buscar prestígio social e, com isso, fazer parte da parcela privilegiada da sociedade com acesso aos bens de consumo e da civilização. Como se Machado denunciasse que a coexistência do moderno e do arcaico servissem aos interesses da classe proprietária que mantinha os processos de dominação, misturando traços burgueses e senhoris, amalgamando, com tranquilidade, a benevolência e a brutalidade com a finalidade de manter a condição superior, as aparências e o chicote sob controle, "a melhor maneira de apreciar o chicote é ter-lhe o cabo na mão".

Não raro, vemos o exercício elegante do poder truculento em nosso cotidiano. Gente com boa escolaridade defendendo ditadura militar, linchamento, pena de morte, diminuição da maioridade penal e toda sorte de violência social. Além dos pronunciamentos hostis em redes sociais e na vida pública.

Sem contar gente envolvida em relações ilícitas (superfaturamento de obras, propinas, desfalques no erário, sonegação de impostos), gozando de prestígio social nas ruas e na mídia. Algumas, inclusive, com cargos públicos de relevância e outras, vejam só, cuidando do dinheiro e da coisa pública.

Machado não nos é tão distante. O capítulo "O almocreve" de *Memórias póstumas de Brás Cubas*, na pena ardilosa do Bruxo, revela a desfaçatez, a superioridade e o autoritarismo de um membro da classe dominante e, pior, com o aval do homem livre. Brás, recém-chegado ao Rio, vindo da Europa, onde cursou Direito e nada apreendeu, cavalgava em um jumento que saiu endoidecido em disparada pelas ruas. Em risco de acidente grave, o membro da classe dominante é salvo por um outro, da classe dominada. Como recompensa pela intervenção precisa e necessária, o almocreve (cuidador de cavalos) seria recompensado: "(...) se o jumento corre por ali fora, contundia-me deveras, e não sei se a morte não estaria no fim do desastre; cabeça partida, uma congestão, qualquer transtorno cá dentro, lá se me ia a ciência em flor. O almocreve salvara-me talvez a vida; era positivo; eu sentia-o no sangue que me agitava o coração. Bom almocreve!".

O incauto cavalgador cogita dar-lhe um bom dinheiro. "Resolvi dar-lhe três moedas de ouro das cinco que trazia comigo; não porque tal fosse o preço da minha vida." Mas examinando as roupas do homem pobre, seu jeito e a relação afetuosa que tinha com o animal, Brás relativiza o mérito de seu salvador, acredita que ele cumpriu com o dever dele – como membro da classe inferior, era obrigado a servir o seu senhor.

"Com efeito, uma moeda era bastante para lhe dar estremeções de alegria. Examinei-lhe a roupa; era um pobre diabo, que nunca jamais vira uma moeda de ouro. Portanto, uma moeda. Tirei-a, via-a reluzir à luz do sol; não a viu o almocreve, porque eu tinha-lhe voltado as costas; mas suspeitou-o talvez, entrou a falar ao jumento de um modo significativo; dava-lhe conselhos, dizia-lhe que tomasse juízo, que o «senhor doutor» podia castigá-lo; um monólogo paternal. Valha-me Deus! até ouvi estalar um beijo: era o almocreve que lhe beijava a testa."

Brás, enojado e de forma cruel, vê em seu salvador um diálogo paternal com o jumento; decide, vendo a felicidade do recompensado, que lhe dará apenas um cruzado de prata. Mas com remorso, achou que deveria ter dado apenas uma moeda de cobre esquecida em seu bolso.

"Ri-me, hesitei, meti-lhe na mão um cruzado em prata, cavalguei o jumento, e segui a trote largo, um pouco vexado, melhor direi um pouco incerto do efeito da pratinha. Mas a algumas braças de distância, olhei para trás, o almocreve fazia-me grandes cortesias, com evidentes mostras de contentamento. Adverti que devia ser assim mesmo; eu pagara-lhe bem, pagara-lhe talvez demais. Meti os dedos no bolso do colete que trazia no corpo e senti umas moedas de cobre; eram os vinténs que eu devera ter dado ao almocreve, em lugar do cruzado em prata. Porque, enfim, ele não levou em mira nenhuma recompensa ou virtude, cedeu a um impulso natural, ao temperamento, aos hábitos do ofício. (...) Fiquei desconsolado com esta reflexão, chamei-me pródigo, lancei o cruzado à conta das minhas dissipações antigas; tive (por que não direi tudo?), tive remorsos."

Brás Cubas não precisou fazer deitar sangue ao almocreve, como Cotrim fazia com os escravos contrabandeados e que lhe fugiam. De forma supostamente elegante, recompensou o pobre homem que, provavelmente, não via com frequência, em suas mãos e na vida, com cruzados de prata. No entanto, a mesma ferocidade honrada de Cotrim vê-se nas palavras de Brás, em forma de metáfora, o mesmo cabo de chicote que o cunhado mantém às mãos.

A atualidade de Machado é gritante. Vale, aqui, uma abordagem ligeira à expressão "Você sabe com quem está falando?", cunhada pela sabedoria nacional e estudada pelo antropólogo Roberto Da Matta, que vê nela uma representação evidente do caráter autoritário e hierárquico que rege as relações sociais, e verticais, no Brasil.

A herança escravocrata disseminou pelo país uma cultura senhorial-escravista, elitista e autoritária, que sugere na expressão "Você sabe com quem está falando?" as relações hierárquicas e pessoais que pautam nossa conduta e moral; e, no dia a dia, estabelece, entre os interlocutores, a aceitação social de quem está no comando. Ou não é comum ouvir de manobristas: "Bom dia, doutor!", "Fique à vontade, patrão!"? Ou, ainda, um membro da elite dizendo: "Quem ele pensa que é?", "Quem você pensa que é? Não passa de um porteiro de prédio (ou de um faxineiro, ou de um caixa de banco, e por aí vai...)", "Quero falar com seu superior."

No entanto, mesmo entre aqueles que não podem usar a expressão por conta da condição social que têm, utilizam-na com tranquilidade e gozam do prestígio de viver à sombra de algum "medalhão", para usar a expressão de Machado. "Você sabe com quem está falando? Sou motorista particular do fulano de tal (Senador da República ou Ministro ou Procurador do Estado etc.)"

No Brasil, a expressão "Você sabe com quem está falando?" tem sua prima-irmã: "Aos amigos tudo, aos inimigos, a lei". Expressão reveladora da moral social que nos está impregnada. As qualidades morais de um grupo social se cristalizam nas relações criadas, no prestígio do momento e da circunstância e nas articulações políticas (em âmbito público e privado), e nunca no indivíduo especificamente. E, dependendo do processo, as regras são transcendidas e desrespeitadas. E, assim, a lei, que deveria ser um mediador de igualdade, passa a ser um instrumento de poder e de desigualdade. Creio que vemos muitos desses casos nas prisões abarrotadas de pobres, de pretos e de mestiços. E, mesmo entre a classe dominante, há os seus "Sabe com quem está falando?" Estamos presenciando muita gente graúda que mofaria na cadeia por conta de provas contra elas, mas, mesmo assim, flanam livres e soltas; e outras pessoas, com provas semelhantes, presas; ou, pior ainda, com menos provas e presas. Tudo a depender do prestígio do momento e das articulações feitas, e não a depender do crime.

Em "O caso da vara", conto duro da literatura machadiana, as relações de favor ficam claras e evidentes. Damião foge do Seminário que, a contragosto, fazia por imposição do pai. Vai buscar abrigo na casa de Sinhá Rita, amante de seu padrinho João Carneiro, o mesmo que o entregou ao Seminário a mando do compadre, pai de Damião.

Sabedor das relações de poder, regidas pelo afeto e pela proteção, que norteiam a sociedade brasileira, manipula com destreza o seu processo de saída. O padrinho, "um moleirão" nas palavras de Damião, não convenceria o pai a tirá-lo do Seminário. Sinhá Rita, que não queria se meter em negócios da família de Damião, cujo patriarca era importante e duro nas relações sociais, teria de ser seduzida a fazê-lo.

Damião, não sem antes se ajoelhar aos pés de Sinhá Rita pedindo-lhe ajuda, coisa de que ela se orgulha muito, diz a ela que não pede ao padrinho porque ninguém lhe dá ordens – ele não obedecia a ninguém. Ferida em seu orgulho, que era bem alargado, Sinhá Rita promete proteger o rapaz. Assim, Damião articula com perspicácia e malandragem a rede de proteção e de poder.

Durante sua estada na casa de Sinhá Rita, conta piadas que fazem rir à Sinhá Rita e às suas criadas, entre elas Lucrécia, "uma negrinha, magricela, um frangalho de nada, com uma cicatriz na testa e uma queimadura na mão esquerda". Sinhá Rita, incomodada com a criada, que parara seu trabalho para ouvir e rir da piada que era contada a ela e a algumas amigas de seu círculo de amizade, prometeu castigar a menina se ela não terminasse o trabalho ao anoitecer. Damião, sentindo-se culpado por fazê-la rir e tê-la levado ao possível castigo, prometeu apadrinhá-la, intercedendo junto à Sinhá Rita, pedindo-lhe que não castigasse a frágil negrinha.

Chegado o fim do dia, Lucrécia não havia terminado seus afazeres. Como prometido, seria castigada por Sinhá Rita. E Damião, que prometera proteger a menina, ainda não tinha certeza de que sairia do Seminário.

"Damião ficou frio... Cruel instante! Uma nuvem passou-lhe pelos olhos. Sim, tinha jurado apadrinhar a pequena, que por causa dele, atrasara o trabalho...

"– Dê-me a vara, Sr. Damião!

"Damião chegou a caminhar na direção da marquesa. A negrinha pediu-lhe então por tudo o que houvesse mais sagrado, pela mãe, pelo pai, por Nosso Senhor...

"– Me acuda, meu sinhô moço!

"Sinhá Rita, com a cara em fogo e os olhos esbugalhados, instava pela vara, sem largar a negrinha, agora presa de um acesso de tosse. Damião sentiu-se compungido; mas ele precisava tanto sair do seminário! Chegou à marquesa, pegou na vara e entregou-a a Sinhá Rita."

Machado de Assis sabia que a rede de proteção era sempre relativizada e dependia da necessidade, do prestígio e do que se poderia obter nessa rede de relações, de proteções e de favores; sabia também que, normalmente, aqueles que tinham pouco a oferecer, como Lucrécia, que não tinha absolutamente nada a ver com as relações entre os pares, se houvesse algum dano a ser pago, ela é quem pagaria, como representante da classe dos desvalidos.

Aqueles que podem contar com alguma ajuda de amigos, em momentos de dificuldade, ou quem pode contar com algum figurão, seja diretor, seja médico de algum hospital, seja funcionário de alto escalão de algum órgão público, sabe que a rede de relações funciona bem. Na sociedade moderna, chamamos eufemisticamente de *Networking*, um jeito atual de empregar a lei das equivalências das janelas, arejamos a nossa consciência moral com a expressão do universo corporativo.

O relativista Machado tem, sim, o seu ponto de vista, como já foi dito, escondido no discurso das personagens para relativizar nossa moral e nossas ações. No entanto, ele não relativiza o que não se põe à discussão, como sugere Leandro Karnal em coluna publicada no jornal *O Estado de S. Paulo*:

> "(...) Como já debati com colegas da imprensa, há fatos que não possuem o outro lado. Não existe o ponto de vista do estuprador ou do nazista ou, pelo menos, não é um ponto de vista válido. Não existe a versão do traficante de escravos ou do escravocrata da lavoura. Não pode existir o argumento do homem que chicoteia seres humanos ou do racista. O limite de todo relativismo é este: a ética e a lei. Não se podem equiparar versões quando existe um crime hediondo e vítimas.
>
> "De tempos em tempos, o pensamento conservador erige descobertas como novidades absolutas. Já citei antes, mas trazer à tona o fato de que tribos litorâneas colaboraram com o tráfico parece indicar algo do estilo: bem, se é assim, a culpa europeia e branca deve ser bem menor.

Da mesma forma, identificar que nazistas usaram mão de obra da Letônia e da Ucrânia como guardas em campo de concentração deveria indicar que o nazismo não é tão reprovável. A extensão do número de criminosos não diminui o crime e a dívida histórica continua. Tais argumentos são formas de neorracismo e não nascem de um esforço historiográfico e de pesquisa, mas de um esforço contemporâneo de negar políticas afirmativas como cotas. Amnésia e memória seletiva são recursos interessantes. Em tempo de "escola sem crítica", nada impede que, em breve, o hino republicano passe a ser axioma histórico: 'nós nem cremos que escravos outrora tenham existido por aqui.' (...) Escravocratas de ontem e de hoje não são o outro lado que deve ser ouvido, são criminosos que devem sofrer os rigores das penas constitucionais. Liberdade de expressão não pode incorporar apologia ao crime. Racismo é crime: simples e direto. A memória deve trazer à tona nossas angústias, jamais encobrir desvios."

ENTREVISTA

"

Quando olhas para a vida, cuidas que é o mesmo livro que leram os outros homens – um livro delicioso ou nojoso, segundo for o teu temperamento, a tua filosofia ou a tua idade.

"

Crônica publicada na *Gazeta de Notícias* em 1º de outubro de 1893.

OS CRÍTICOS LITERÁRIOS SÃO UNÂNIMES EM APONTAR COMO erro a atribuição das falas das personagens ficcionais a Machado de Assis – como se elas estivessem discursando por ele, ou como se ele emprestasse a voz a elas. Não que algumas falas esparsas não possam fazê-lo, mas é temerário tomá-las como representação de seus pensamentos e valores.

Machado sabia que a vida e o mundo são tessituras ambíguas e cheias de relevos, em que se costuram falsas e meias verdades; algumas falas, talvez, possam soar como verdades ou mentiras inteiras, mas desfiadas.

Nesse tecido complexo e esgarçado, Machado borda a dúvida, a dedução e a inferência, que ficam a cargo do leitor, das personagens e dos narradores. O autor passa ao largo disso, com seu silêncio, com seu sorriso recuado e com sua piscadela oblíqua. Mesmo nas crônicas não ficcionais, não podemos dizer que a "voz de Machado" esteja presente de forma clara e unívoca; mesmo nelas, também se alinham o tecido e a tessitura ambíguos.

Na crônica "O punhal de Martinha", ele sugere: "Não quero mal às ficções, amo-as, acredito nelas, acho-as preferíveis à realidade; nem por isso deixo de filosofar sobre o destino das cousas tangíveis em comparação com as imagináveis. Grande sabedoria é inventar um pássaro sem asas, descrevê-lo, fazê-lo ver a todos, e acabar acreditando que não há pássaros com asas".

A metáfora de Machado, provocadora, sugere que a realidade seja um "pássaro sem asas", uma vez que ela, a realidade, fica camuflada pelo discurso, porque é ele quem determina o que é real e o que não é. E, talvez, vá mais além e sugira que todo objeto social, entre eles a linguagem, os acordos sociais, as convenções, a política e a arte vão se juntando ao tempo e às coisas, tornam-se tradição e depois também verdade. Assim, a verdade e a mentira andam por aí aladas e às vezes também engaioladas. Difícil, fora do discurso, saber onde fazem ninhos.

Pegando carona indevida no voo desse pássaro sem asas, vou sugerir um jogo ficcional e relativista. O Bruxo – que deu voz a personagens que talvez o representassem em algum momento e também a muitas outras às quais ele provavelmente repudiaria a intenção, as falas e os gestos – será vítima da minha ardilosa entrevista em que atribuirei a ele frases de crônicas e de personagens, numa entrevista além-túmulo e além-tempo.

Machado, agora, como defunto-entrevistado, terá, arbitrariamente como suas, as vozes criadas por ele:

Agora que o senhor é um ator-defunto e também um defunto-entrevistado, como o senhor vê a morte e o mundo depois dela?

MACHADO: "Os mortos ficam bem onde caem."[1] "Esta é a grande vantagem da morte, que, se não deixa boca pra rir, também não deixa os olhos para chorar."[2]

Então o senhor quer dizer que a morte torna o morto indiferente a tudo?

"Vivam os mortos! Os mortos não nos levam os relógios. Ao contrário, deixam os relógios, e são os vivos que os levam."[3]

O senhor sentiu-se realizado com a vida que teve? Da infância pobre ao reconhecimento público como escritor e como homem do seu tempo?

"Pois nem tudo isso me matava a sede de um filho, um triste menino que fosse, amarelo e magro, mas um filho, um filho próprio da minha pessoa." "Pois, senhor, não consegui recompor o que foi nem o que fui."[4]

---

1 Trecho retirado do romance *Memorial de Aires*, publicado em 1908.

2 Trecho retirado do romance *Memórias póstumas de Brás Cubas*, publicado em 1881.

3 Trecho retirado de crônica publicada na *Gazeta de Notícias* em 6 de janeiro de 1895.

4 Trechos retirados do romance *Dom casmurro*, publicado em 1899.

Entendo. O senhor sempre foi visto como um escritor cético. Concorda com essa opinião da crítica especializada?

"Eu, apesar do pessimismo que me atribuem, e talvez seja verdadeiro, faço às vezes mais justiça à Natureza do que ela a nós. Não posso negar que ela respeita alguns dos melhores, e que os fere por descuido, mas logo se emenda e põe bálsamo na ferida."[5] "Não achareis linha cética nessas minhas conversações dominicais. Se destes com alguma que se possa dizer pessimista, adverte que nada há mais oposto ao ceticismo. Achar que uma coisa é ruim não é duvidar dela, mas afirmá-la."[6]

O senhor se incomoda com os elogios que lhe faziam e fazem? Sentia-se e sente-se orgulhoso?

"Eu não sou homem que recuse elogios. Amo-os; eles fazem bem à alma e até ao corpo. As melhores digestões da minha vida são as dos jantares em que sou brindado."[7]

---

5 Trecho retirado de carta de Machado de Assis enviada a Salvador de Mendonça em 7 de setembro de 1908.

6 Trecho retirado de crônica publicada na *Gazeta de Notícias* em 28 de fevereiro de 1897.

7 Trecho retirado de crônica publicada na *Gazeta de Notícias* em 25 de setembro de 1892.

Não fica incomodado de lhe crerem vaidoso?
"A vaidade, segundo minha opinião, não é mais que a irradiação da consciência; à contração da consciência chamo eu modéstia." "Eu sou a vaidade, classificada entre os vícios por alguns retóricos de profissão; mas na realidade a maior das virtudes."[8]

O senhor não se incomoda mesmo com as opiniões alheias ou com as dos críticos ou com as de seus leitores?
"Não me retruques o leitor com o fato de ter de um lado a opinião do autor da ideia, e as gerações que a têm repetido e acreditado, enquanto do outro estou apenas eu. Faça de conta que sou aquele menino que, quando toda a gente admirava o manto invisível do rei, quebrou o encanto geral, exclamando: – El-rei vai nu! Não se dirá que, ao menos, nesse caso, toda a gente tinha mais espírito que Voltaire. Está-me parecendo que fiz agora um elogio a mim mesmo. Tanto melhor; é minha doutrina."[9]

---

8   Trechos retirados do conto "Elogio da vaidade", publicado na revista *O Cruzeiro* em 28 de maio de 1878.
9   Trechos retirados de crônica publicada sob o pseudônimo "Lelio" na seção "Balas de estalo" da *Gazeta de Notícias* em 3 de abril de 1885.

Deixe-me abalar um pouco o orgulho do senhor. Há críticos que sugerem que, nos romances longos, o senhor não era um grande contador de histórias, que em seus textos há mais reflexão do que retrato da paisagem brasileira e até da realidade. O que o senhor acha?

"Se a missão do romancista fosse copiar os fatos, tais quais eles se dão na vida, a arte era uma coisa inútil; a memória substituiria a imaginação." "Que se deve exigir do escritor antes de tudo, é certo sentimento íntimo, que o torne homem do seu tempo e de seu país, ainda quando trate de assuntos no tempo e no espaço."[10]

Nas crônicas, o senhor vê a questão da mesma forma?

"A vida conjugal é tão somente uma crônica; basta-lhe fidelidade e algum estilo."[11] "Há outro ponto em que o cronista se parece com os turcos; é um fumar quietamente o cachimbo do seu fatalismo. O cronista não tem cargo de almas, não evangeliza, não adverte, não endireita os tortos do mundo; é um mero espectador, as mais das vezes pacato, cuja bonomia tem o passo dos homens do harém."[12]

---

10 Trecho retirado de crônica publicada na *Gazeta de Notícias* em 16 de janeiro de 1866.

11 Trecho retirado do romance *Iaiá Garcia*, publicado em 1878.

12 Trecho retirado de crônica publicada sob o pseudônimo Eleazar em 25 de agosto de 1878.

Mas a opinião do senhor como pessoa revela-se mais na crônica ou nos contos e romances?

"Santa curiosidade! Tu não és só a alma da civilização, és também o pomo da concórdia!"[13] "A realidade é a casa que está entre a minha e a sua opinião."[14]

Então devo concordar que a verdade está entre a minha opinião como leitor e a do senhor como autor?

"No fim de uma coisa que acaba, há outra que começa. (...) Ao cabo, só há verdades velhas."[15]

O senhor foi muito influenciado por Shakespeare, não? O que poderia falar dele?

"Um dia, quando já não houver império britânico nem república norte-americana, haverá Shakespeare, quando se não falar inglês, falar-se-á Shakespeare." "Não se comenta Shakespeare, admira-se."[16]

---

13 Trecho retirado do conto "O espelho", publicado em 1882.

14 Trecho retirado do romance *Iaiá Garcia*, publicado em 1878.

15 Trecho retirado de crônica publicada nas "Notas semanais" da revista *O Cruzeiro*, em 2 de junho de 1878.

16 Trechos retirados da seção "Revistas dos teatros", publicada no jornal *O espelho*, que circulou no segundo semestre de 1859 no Rio de Janeiro.

Mas há muito dele em sua obra, não é verdade?
"Eu, se tivesse de dar *Hamlet* em língua puramente carioca, traduziria a célebre resposta do príncipe da Dinamarca: *Words, words, words,* por esta: *Boatos, boatos, boatos.* Com efeito, não há outra que melhor diga o sentido do grande melancólico. Palavras, boatos, poeira, nada cousa nenhuma."[17]

Se o senhor vivesse em nossa época, século XXI, ficaria assustado com a boataria e com as crenças das pessoas nas redes sociais, espécie de cartas instantâneas de nosso tempo. Ficaria também alarmado com a quantidade enorme de notícias falsas.
"Os fatos e os tempos ligam-se por fios invisíveis."[18] "O conto do vigário é o mais antigo gênero de ficção que se conhece. A rigor, pode-se crer que o discurso da serpente, induzindo Eva a comer o fruto proibido foi o texto primitivo do conto."[19]

Mas agora é um exagero. As pessoas acreditam em qualquer coisa que se ajuste às opiniões delas ou que reforce os próprios preconceitos. Algumas não investigam a vera-

---

17 Trecho retirado do texto crítico "Notícia da atual literatura brasileira: Instinto de nacionalidade" publicado em 1873.
18 Trecho retirado do conto "Pobre Cardeal", publicado em 1886.
19 Trecho de crônica publicada na *Gazeta de Notícias* em 31 de março de 1895.

cidade das coisas. Simplesmente acreditam e disseminam a crença e a mentira. Que o senhor tem a dizer sobre isso? "É que o boato é uma das mais cômodas invenções humanas, porque encerra todas as vantagens da maledicência, sem os inconvenientes da responsabilidade." "O boato é um ente invisível e implacável, que fala como um homem, está em toda parte e em nenhuma, que ninguém vê de onde surge, nem onde se esconde."[20]

No tempo do senhor havia esses vermes boateiros que inventam mentiras, espalham calúnias? Existiam os vermes também que acreditavam cegamente nos textos que os outros vermes inventavam? Neste século, temos uma proliferação de vermes.

"Não é novo nada disso, nem eu estou aqui para dizer coisas novas, mas velhas, coisas que pareçam ao leitor descuidado que é ele mesmo que está inventando."[21] "Cheguei a pegar em livros velhos, livros mortos, livros enterrados, a abri-los, a compará-los, catando o texto e o sentido, para achar a origem comum do oráculo pagão e do pensamento

---

20 Trechos retirados da seção de crônicas "Ao acaso", publicada no *Diário do Rio de Janeiro*, em 14 de novembro de 1864.

21 Trecho retirado de crônica publicada na *Gazeta de Notícias* em 16 de abril de 1893.

israelita. Catei os próprios vermes dos livros, para que me dissessem o que havia nos textos roídos por eles.

"– Meu senhor, respondeu-me um longo verme gordo, nós não sabemos absolutamente nada dos textos que roemos, nem escolhemos o que roemos, nem amamos ou detestamos o que roemos; nós roemos.

"Não lhe arranquei mais nada. Os outros todos, como se houvessem passado palavra, repetiam a mesma cantilena. Talvez esse discreto silêncio sobre os textos roídos, fosse ainda um modo de roer o roído."[22]

O senhor ficaria assustado com o nosso século. Aqui no Brasil do nosso tempo, a situação está bem crítica. O cumprimento das leis então, uma confusão danada. O Judiciário não se entende.

"Se as dores humanas se esquecem, como não se hão de esquecer as leis?"[23] "Se isto fosse novela, algum crítico tacharia de inverossímil o acordo dos fatos, mas já lá dizia o poeta que a verdade pode ser às vezes inverossímil."[24]

---

22 Trecho retirado do romance *Dom Casmurro*, publicado em 1899.

23 Trecho retirado de crônica publicada na *Gazeta De Notícias* em 26 de julho de 1893.

24 Trecho retirado do romance *Memorial de Aires*, publicado em 1908.

Mas não é cruel que esqueçam as leis ou que não as apliquem com equidade?

"Homens e leis têm a vida limitada – eles por necessidades físicas, elas por necessidades morais e políticas; mas a loteria é eterna. A loteria é a própria Fortuna e a Fortuna é a deusa que não conhece incrédulos nem renegados. A cidade fala de umas cousas que esquece, crimes públicos, crimes particulares; mas loteria não é crime particular nem público."[25]

O senhor crê que somos manipulados por tudo isso? Por esse caos? Não temos como evitar?

"Assim se vai fazendo a história, com aparência igual ou vária, mediante a ação de leis, que nós pensamos emendar, quando temos a fortuna de vê-las. Muitas vezes não a vemos, e então imitamos Penélope e o seu tecido, desfazendo de noite o que fazemos de dia, enquanto outro tecelão maior, mais alto ou mais fundo e totalmente invisível compõe os fios de outra maneira, e com tal força que não podemos desfazer nada. Sucede que, passados tempos, o tecido esfarrapa-se e nós, que trabalhávamos em rompê-lo, cuidamos que a obra é nossa. Na verdade, a obra é nossa, mas porque somos os dedos do tecelão; o desenho e o pensamento são dele, e presumindo em-

---

25 Trecho retirado de crônica publicada na *Gazeta de Notícias* em 15 de novembro de 1896.

purrar a carroça, o animal é que a tira do atoleiro, um animal que somos nós mesmos."[26]

O senhor acredita que há pessoas, aqui no século XXI, que votam em candidatos retrógrados e até corruptos? "A contradição é deste mundo." "Quem pode impedir que o povo queira ser mal governado? É um direito anterior e superior a todas as leis."[27] "A psicologia do código é curiosa. Para ele, os homens só creem aquilo que ele mesmo crê; fora dele, não havendo verdade, não há quem creia outras verdades – como se a verdade fosse uma só e tivesse trocos miúdos para a circulação moral dos homens."[28]

Em época de eleição, há cada promessa absurda. E há crenças piores do que as promessas. Como pode isso? "Tudo se pode esperar da indústria humana, a braços com o eterno aborrecimento. A monotonia da saúde pode inspirar a busca de uma ou outra macacoa leve. O homem receitará tonturas ao homem. Haverá fábricas de resfriados. Vender-se-ão calos artificiais, quase tão dolorosos

---

26 Trecho retirado de crônica publicada na *Gazeta de Notícias* em 14 de novembro de 1897.

27 Trechos retirados de crônica publicada na *Gazeta de Notícias* em 29 de outubro de 1895.

28 Trecho retirado de crônica publicada na *Gazeta de Notícias* em 10 de março de 1895.

como os verdadeiros. Alguns dirão mais."[29] "Isto de política pode ser comparado à paixão de Nosso Senhor Jesus Cristo; não falta nada, nem o discípulo que nega, nem o discípulo que vende."[30]

Esse mundo, em qualquer época, é mesmo doente, não?
"Tudo é bacilo no mundo, que está dentro do homem, no homem e fora do homem. A terra é um enorme bacilo, como os planetas e as estrelas."[31]

O senhor vê solução? Há salvação, ou estamos condenados a esse monótono inferno?
"Comecemos por pacificar-nos. Paz na terra aos homens de boa vontade – é a prece cristã; mas nem sempre o céu a escuta, e, apesar da boa vontade, a paz não alcança os homens e as paixões os dilaceram. Para este efeito, a arte vale mais que o céu."[32] "Das coisas humanas, (...) a única que tem seu fim em si mesma é a arte."[33]

---

29   Trecho retirado de crônica publicada na *Gazeta de Notícias* em 23 de junho de 1878.
30   Trecho retirado do romance *Quincas Borba*, publicado em 1891.
31   Trecho retirado de crônica publicada na *Gazeta de Notícias* em 27 de agosto de 1893.
32   Trecho retirado de crônica publicada na *Gazeta de Notícias* em 26 de março de 1893.
33   Trecho retirado de crônica publicada na *Gazeta de Notícias* em 29 de setembro de 1895.

A arte pode mesmo ajudar a consertar as coisas? Tem essa força? Pode-se dizer então que a vida imita a arte? "A vida é uma ópera bufa com intervalos de música séria."[34] "A vida é uma ópera e uma grande ópera. O tenor e o barítono lutam pelo soprano, em presença do baixo e dos comprimirás, quando não são o soprano e o contralto que lutam pelo tenor, em presença do mesmo baixo e dos mesmos comprimirás. Há coros numerosos, muitos bailados, e a orquestração é excelente..." "Deus é o poeta. A música é de Satanás."[35]

E as pessoas em meio a isso tudo ainda buscam felicidade. O senhor sabia que no século XXI o Carnaval pegou de vez? Os blocos carnavalescos lotam as ruas numa felicidade incontida. "O Carnaval é o momento histórico do ano. Paixões, interesses, mazelas, tristezas, tudo pega em si e vai viver em outra parte."[36] "O carnaval desta terra é constante, é a política que nos oferece o espetáculo de um contínuo disfarce."[37]

---

34 Trecho retirado do romance *Ressurreição*, publicado em 1872.

35 Trechos retirados do romance *Dom Casmurro*, publicado em 1899.

36 Trecho retirado de crônica publicada na *Gazeta de Notícias* em 16 de fevereiro de 1896.

37 Trecho retirado de crônica publicada na *Gazeta de Notícias* em 2 de março de 1862.

Sempre foi assim?

"Montaigne é de parecer que não fizemos mais que repisar as mesmas coisas e andar no mesmo círculo; e o Eclesiastes diz claramente que o que é, foi, e o que foi, é o que há de vir."[38] "Esse mundo é um baile de casacas alugadas."[39]

Clássicos, como as obras do senhor, não?

"Quando olhas para a vida, cuidas que é o mesmo livro que leram os outros homens – um livro delicioso ou nojoso, segundo for o teu temperamento, a tua filosofia ou a tua idade."[40]

O senhor mencionou a idade e a interpretação das coisas. Depois de ter vivido bastante para os padrões de sua época e ter-se imortalizado, que diria sobre a idade e o tempo?

"Os anos que passam tiram à fé o que há nela pueril, para só lhe deixar o que há sério; e triste daquele a quem nem isso fica: esse perde o melhor das recordações."[41]

---

38 Trecho retirado de crônica publicada na *Gazeta de Notícias* em 4 de fevereiro de 1894.

39 Trecho retirado de crônica publicada na *Gazeta de Notícias* em 11 de junho de 1893.

40 Trecho retirado de crônica publicada na *Gazeta de Notícias* em 1º de outubro de 1893.

41 Trecho retirado de crônica publicada na revista *O Cruzeiro* em 16 de junho de 1878.

Para o senhor, foi assim?
"Chegando ao fim da carreira é doce que a voz que me alente seja a mesma voz antiga que nem a morte nem a vida fizeram calar."[42]

Para finalizar, qual a recordação que ficou para o senhor?
"Tudo me lembra a minha meiga Carolina."[43]

---

42 Trecho retirado de carta enviada a Salvador de Mendonça em 7 de setembro de 1908.
43 Trecho retirado de carta enviada a Joaquim Nabuco em 20 de novembro de 1904.